'프로와 아마추어를 가르는 한 끗 차이의 마법'

직장인을 위한
컨닝 페이퍼

직장인을 위한
컨닝 페이퍼

초판인쇄 2019년 7월 1일
초판발행 2019년 7월 1일

지은이 황정철
펴낸이 채종준
펴낸곳 한국학술정보(주)
주소 경기도 파주시 회동길 230(문발동)
전화 031 908 3181(대표)
팩스 031 908 3189
홈페이지 http://ebook.kstudy.com
E-mail 출판사업부 publish@kstudy.com
등록 제일산-115호(2000. 6. 19)

ISBN 978-89-268-8861-2 13330

'프로와 아마추어를 가르는 한 끗 차이의 마법'

직장인을 위한
컨닝 페이퍼

황정철 지음

이담
Books

프로와 아마추어의 길목에서

직장 생활을 하다 보면 어느 순간 내가 제대로 된 길을 가고 있는 것인지 의문이 들 때가 있다. 일과 사람, 경력 개발과 리더십에 대한 고민은 늘 따라붙는다. 직무전문성을 아직 온전히 갖추지 못한 주니어 시절에는 더욱 그렇다. 그러나 그 누구도 정확한 해답을 알려주지는 못한다. 하지만 염려할 필요는 없다. 프로와 아마추어의 길목에서 누구나 겪는 일이고, 우리는 결국 각자의 해답을 찾아낼 것이기 때문이다.

나는 누구를 위해 일하는 사람인가?

'나는 고객을 위해 일하는 사람인가?' 아니면 '상사를 위해 일하는 사람인가?' 결론부터 이야기하자면 고객을 뒤로하고 상사만을 위해 일하는 사람은 진정한 프로가 아니다. 이는 상사의 업무 지시에 불응하고 독단적으로 판단하고 또 의사결정을 내려도 된다는 의미가 아니다. 궁극적으로 내가 일을 통해 달성하고자 하는 목표와 가치가 고객을 위한 것임을 기억해야 한다는 것이다.

세 명의 야구 선수가 있다. A는 2할의 타율, B는 2할 5푼, C는 3할의 타율을 각각 기록하고 있다. 단순히 수치만 놓고 보면 이들의 실력 차이는 단 0.5에 불과하다. 말 그대로 한 꼿 차이다. 그러나 결과를 놓고 보면 이야기는 달라진다. A 선수는 '아마추어'다. 2할 기록으로는 야구를 업으로 삼기 어렵기 때문이다. B 선수는 '프로'다. 중심타선에서 활약하기는 어려워도 야구선수를 업으로 먹고살 수 있을 정도는 된다.

C 선수는 대체 불가능한 '에이스'다. 팀의 핵심이 되는 선수로 부와 명성을 동시에 얻을 수 있다. 이처럼 프로와 아마추어의 차이는 '한 꼿'이지만 이들의 운명은 그 '한 꼿'에 의해 크게 달라진다. 프로가 되길 원한다면 그 한 꼿의 차이를 만들 수 있어야 한다.

모두가 '일과 삶의 균형'이 중요하다고 말한다. 그런데 일과 삶의 균형이라는 말에는 정작 '일'과 '삶'이 분리되어 있다. 이 둘은 서로 교차 지점을 찾기 어려운 것처럼 보인다. 하지만 일과 삶의 경계가 허물어져 일이 곧 삶 그 자체라 느낀다면 그보다 더 행복한 일은 없을 것이다. 어떻게 하면 가능할까? 그러자면 일을 바라보는 관점을 바꿔야 한다.

일은 단순히 생업을 유지하기 위한 수단이 아니다. 내 삶의 가치와 철학이 녹아 있는 '업'이 되어야 한다. 이를 우리는 소명의식이라 말한다. 그래서 행복한 직장 생활을 꿈꾸고 있다면 가장 먼저 자신의 직업관부터 점검해야 한다. 내가 하고 있는 일을 통해 어떤 가치를 실현하고자 하는지 분명히 해야 한다. 직장인의 행복은 직장 생활하면서 부수적으로 따르는 옵션이 아니라 직장 생활의 목적 그 자체이기 때문이다.

본문에서는 프로와 아마추어의 갈림길에서 고민하고 고뇌하는 직장인들에게 일과 경력개발, 리더십 그리고 직장인의 행복에 관한 이야기들을 다루고 이를 함께 나누고자 한다.

목차

PART
01

직장 생활에
회의를 느낄 때

01

지금 하는 일이
행복하지 않은 이유

> "우리의 가능성에 비하면 우리는 반만 깨어 있다. 우리의 육체적 정신적 능력의 일부만을 사용하고 있을 뿐이다. 넓은 의미로 이 말을 해석하면 인간은 자신의 능력 한계에 훨씬 못 미치는 삶을 살고 있다. 인간은 무한한 능력을 소유하고 있는데 습관적으로 이 능력을 사용하지 못하고 있다."
>
> - 윌리엄 제임스 / 심리학자 -

무엇이 우리를 힘들게 하는가?

인간은 자유의지_Free will[1]를 가진 동물이다. 자유의지를 발휘할 수 있는 환경에 있어야 비로소 행복을 느낀다. 그러나 불행하게도 직장 생활은 그렇지 못한 듯하다. 다만 직급과 직책이 높아질수록 의사결정권과 관계에 있어서 운신의 폭이 조금씩 넓어지기는 한다. 그러나 기업의 오너가 아니고서야 내 뜻과 의지대로만 일을 도모하기란 어려운 일이다. 많은 직장인이 회사를 뛰쳐나와 개인사업을 시작하는

---

1) 자신의 행동과 의사 결정을 스스로 조절하고 통제할 수 있는 능력.

이유도 바로 이 때문일 것이다. 그렇다면 자유의지를 박탈(?)당한 직장인의 행복은 요원한 일일까? 그렇지 않다. 그 안에서도 충분히 행복을 느낄 수 있다.

좋아하는 일을 하면 된다. 그러나 현실은 그렇지 않아 보인다. 취업포털 〈잡코리아〉(2018)에서 직장인들 대상으로 설문조사를 실시했다. 직장인 5명 중 1명은 현재 자신의 직무 적성과 맞지 않는 일을 하고 있다고 응답했다. '잘하지도 좋아하지도 않는 일을 한다'는 응답은 무려 36.5%에 달했고, '잘하고 좋아하는 일'을 하고 있다고 응답한 직장인은 14.4%로 가장 적었다. 눈여겨보아야 할 것은 신입사원들의 입사 후 1년 이내 퇴직 비율이다. 2012년 23.6%, 2014년 25.2%, 2016년 27.7%로 해마다 증가하고 있다.[2] 이를 반증하는 듯이 20대 직장인보다 30~40대 직장인이 더 행복하다는 연구 결과도 있다.[3] 심지어 대한민국 청년실업률[4]은 2019년 3월 현재 약 10.5%로 5년 전인 2014년도에 9.05%를 기록한 이후로 지속적인 증가 추세에 있다. 이쯤 하면 전공을 살려 취업했다는 사람이 전체 응답자의 절반에도 못 미치는 결과는 당연해보인다.

그렇다면 지금이라도 회사를 그만두고 내가 좋아하는 일을 찾아 떠나야 할까? 아니면 현실을 받아들이고 지금처럼 직장 생활을 이어나가야만 하는 것일까?

이에 앞서 한 가지 자문해야 할 것이 있다.

'나는 정말 좋아하는 일을 하고 있지 않은 것일까?'

---

2) 〈신입사원 집단적 이직에 대한 탐색적 연구: 결정요인 및 성과에 미치는 영향〉, 옥지호, 한국연구재단, 2018.
3) 〈누가 행복한 직장인인가?: 인구통계적, 심리분석적 요인과 행복수준 간의 관계〉, 이종만, 한국컴퓨터정보학회, 2013.
4) 15~29세의 경제 활동 인구 중 실업자의 비율.

적성(適性)[5]의 문제인가, 성적(成績)[6]이 문제인가?

직무와 적성 관련해서 직장인은 크게 네 가지 유형으로 나뉜다.

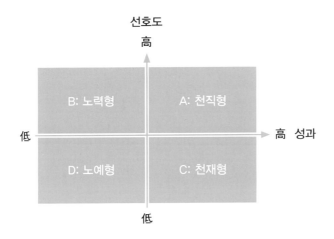

A는 천직형이다. 자신이 좋아하는 일을 하면서 성과도 잘 내는 사람이다. 지금 하고 있는 일이 천직인 사람이다. B는 노력형이다. 좋아하는 일이긴 한데 생각만큼 성과를 잘 내지 못하는 사람이다. 여러 가지 원인이 있겠지만 대부분 지식/스킬/경험/태도의 수정으로 개선이 가능하다. C는 천재형이다. 성과는 잘 내는데 정작 본인이 하는 일에 흥미를 느끼지 못하는 사람이다. 태도의 문제일 가능성이 높다. D는 노예형이다. 자신이 좋아하는 일을 하고 있지 않으면서 성과도 잘 내지 못하는 사람이다. 앞서 언급한 설문 결과도 그렇듯이 많은 직장인들은 자신을 D(노예형) 유형이라 생각한다. 그러나 처음부터 D(노예형)인 경우는 많지 않다. B(노력형)와 C(천재형)에서 시작

---

5) 일정한 훈련에 의해 숙달될 수 있는 개인의 능력.
6) 하여온 일의 결과로 얻은 실적.

해서 D(노예형)에 이르게 되는 경우가 많다. B(노력형) 유형인 경우 처음에는 의욕적으로 업무에 뛰어들었을 것이다. 그러나 성과가 잘 나지 않으니 점점 일에 대한 열정과 관심이 시들해지다 결국 '이 길은 내 길이 아닌가 보다'라며 쉽게 포기하게 된다. C(천재형)인 경우를 살펴보자. 재능으로만 일의 성과를 감당하기에는 한계가 있다. 단기적으로는 가능하겠지만 장기적으로 일정 수준 이상의 성과를 꾸준히 유지하기는 어렵다. D(노예형)와 B(노력형)가 A(천직형)에 수렴하기 위해서는 성과 경험이 있어야 한다. 쉽게 말해 맡은 일을 잘해야 한다. 일반적으로 사람들은 자신이 잘하는 일을 좋아하게 되어 있다. 이미 좋은 성과를 거두고 있는 C(천재형)의 경우에는 장기적으로 내가 일구어낸 일의 결과물이 누구에게 어떤 가치를 제공하고 있는지 돌아볼 필요가 있다. 아무리 좋은 성과를 내도 가치 있는 일이라 느끼지 못하면 그 일을 좋아하기 어렵다. 만일 지금 내가 하는 일이 만족스럽지 못하다면 다음과 같이 자문해보자.

'나는 일을 통해 성과를 내고 있는가?'
'나는 일을 통해 성장을 경험하고 있는가?'
'나는 일을 통해 가치를 체험하고 있는가?'

그렇지 못하다면 섣불리 '이 일은 내게 맞지 않아!'라고 이야기해서는 안 된다. 일에 흥미가 없어서가 아니라 일의 가치를 제대로 알지 못해서일지 모른다. 내가 좋아하는 일을 하지 못해서가 아니라 내가 좋아하는 일을 잘하지 못해서일지 모른다.

02

행복을 선택하는
7가지 비법

취업포털 사이트 〈잡코리아〉가 직장인들을 대상으로 '번아웃 증후 군_Burnout syndrome[7] 경험'에 대해 설문조사를 실시했다. 그 결과 약 95%의 직장인이 번아웃을 경험했다고 응답했다. 번아웃을 경험 하는 대부분의 사람은 일과 관계에 대한 피로감이 그 원인이었다고 이야기한다.

어떻게 하면 이 문제를 해결할 수 있을까? 현실적으로 외부환경 의 변화를 통해 문제를 해결하기란 쉽지 않은 일이다. 일은 하지 않 을 수 없고, 사람은 만나지 않을 수 없다. 일의 양과 품질 그리고 관계 이슈는 내가 통제하기 어려운 영역에 있다. 그런데 직장인의 행복을 결 정하는 첫 번째 요소는 '긍정적 정서'라는 내적 요인에 있다는 보고[8]가 있다. 외부 환경보다는 내적 환경의 변화가 행복한 직장 생활을 위한

---

7) 의욕적으로 일에 몰두하던 사람이 극도의 신체적, 정신적 피로감을 호소하며 무기력해지는 현상으로 프로이덴버거가 〈상담가들의 소진(Burnout of staffs)〉이라는 논문에서 약물 중독자 들을 상담하는 전문가들의 무기력함을 설명하기 위해 '소진'이라는 용어를 사용한 것에서 유래.
8) 〈대한민국 직장인의 행복을 말하다〉, 삼성경제연구소, 2013.

첫 번째 관문이라는 것이다. 그렇다면 내 안의 긍정 에너지를 높이기 위해서 우리는 어떤 노력을 해야 할까? 부록에서도 언급할 것이지만 본문에서는 직장 내로 한정하지 않고 조금 더 넓은 범위에서 행복의 실천 방법에 대해서 살펴보고자 한다.

[비법 1] 자신의 선택을 믿는다

"누구도 너에게 '난 할 수 없어'라고 말하게 하지 마라. 심지어 나도. 꿈이 있다면 그걸 지켜!"

- 영화 <행복을 찾아서> 中 -

"지금 네 가치를 안다면 가서 너의 가치를 쟁취해. 하지만 맞아낼 각오는 해야 해." "넌 겁쟁이가 아니잖아. 넌 그보다 훨씬 나은 놈이야. 너 자신을 믿지 않으면 네 삶을 살아갈 수가 없어."

- 영화 <록키 발보아> 中 -

표본은 있을 수 있어도 정답은 없는 것이 우리의 삶이다. 그 누구도 나의 삶에 특정한 가치를 부여할 수 없다. 또 그렇게 놔두어서도 안 된다. 무엇보다 자신의 선택을 믿어야 한다. 그 과정은 험난한 길이 될 수도 있다. 직장 생활을 하다 보면 뜻하지 않은 상황에서 구겨지기도, 짓밟히고 더러워지기도 한다. 하지만 만 원짜리 지폐를 구기고 찢고 발로 밟는다고 해서 '만 원'이라는 화폐의 가치가 변하는 것은 아니다. '나'라는 존재도 마찬가지다. 영화 <굿 윌 헌팅>의 명대사인 'It's not your fault그건 네 잘못이 아니야'는 어쩌면 나 자신에게 가장 필요한 말일지도 모른다.

'나'라는 브랜드 가치에 집중해야 한다. 다품종 소량생산의 시대다. 인터넷의 출현과 SNS의 대중화로 인해 정보의 접근성과 선택지는 크게 확장되었다. 소품종 대량생산 방식의 기성품은 이제 더는 경쟁력이 없다. 다른 사람과 구분되는 나만의 핵심가치를 만들어내야 한다.

경제학자 메러디스 벨빈_Meredith Belbin은 실험을 통해 팀 내 다양한 역할과 개인적인 특성이 성과를 결정한다는 것을 증명했다. '아폴로 신드롬_Apollo syndrome'[9]과 같이 똑똑한 인재들만 모아놓는다고 해서 더 좋은 성과를 낼 수 있는 것은 아니다. 조직의 영속성은 조직원의 다양성이 담보될 때 가능하다. 그렇다면 나만의 브랜딩을 위해서는 무엇을 해야 할까?

1. 강점을 발견한다

일반적으로 사람들은 자신들이 가진 강점을 충분히 인식하지 못하고[10] 개인 성장을 위해서는 약점을 집중적으로 보완하는 것이 도움이 된다고 믿는다.[11] 그러나 강점에 집중하면 자기효능감, 직무 열의, 조직몰입을 포함한 기쁨, 자부심, 만족감, 성취감 등의 긍정적 심리자본이 확충되는 효과가 있다. 이는 궁극적으로 개인 및 조직의 성과에 직접적인 영향을 미친다. 하워드 가드너의 다중지능 이론에 의하면 인간은 언어, 음악, 논리수학, 공간, 신체 운동, 인간 친화, 자기성찰, 자연 친화라는 독립된 8개의 지능을 가진다. 그런데 특정 영역에서 뛰어난 성과를 보이는 사람들을 잘 관찰해보면 공통으로 '자기 이

---

9) 뛰어난 인재들이 모인 집단에서 오히려 성과가 낮게 나타나는 현상.

10) Linley, P. A., & Harrington, S. (2006). Playing to- 244 your strengths. Psychologist, 19(2), 86-89.

11) Buckingham, M. (2007). Go Put Your Strengths. New York: Free Press.

해능력'이 높은 것을 알 수 있다. 자신의 강점을 잘 파악하고 있는 사람일수록 이를 개발할 확률이 높고, 해당 영역에서 눈에 띄는 성과를 거둔다는 것이다.

2. 우선순위가 높은 강점에 집중한다

'남들보다 독보적으로 뛰어난 강점'을 찾아 이를 집중적으로 개발해야 한다. 맛집의 기본은 '메뉴에 대한 차별화'다. 우리는 왜 프랜차이즈 김밥집이 맛집이 될 수 없는지 잘 알고 있다. '심혈관, 비뇨기, 호흡기, 피부질환, 일반 상해 등 모두 보장이 되는 보험상품이에요'라는 말보다 '심혈관 질환 하나만큼은 확실하게 보장되는 상품입니다'라는 말에 더 신뢰감을 느낀다.

[비법 3] 오늘을 산다

> "인생에서 가장 아름다운 순간은 천천히 산책을 즐기며 길가에 핀 꽃들을 어루만지는 때다."
>
> — 투르게네프, 러시아 대문호 —

'까르페디엠_carpe diem'[12]

오늘이 행복한 삶이 아름답다. 행복은 거치식이 아니라 적립식이다. 꾸준해야 한다. 월급날 혹은 승진하는 날 이외에는 행복을 느끼지 못하고 있다면, 다음 원칙들을 꼭 기억해두자.

1. 일상의 소소한 행복을 찾는다

'내가 왕년에 말이야!', '내가 마음만 먹으면 말이야!'라고 이야기 하는 사람들이 있다. 오늘을 살지 못하는 사람들이다. 과거와 미래 속에 갇혀 있다. 내가 과거에 어떠했는지 앞으로 무엇을 할 것인지는 그리 중요하지 않다. 지금 이 순간 '나는 무엇을 하고 있고, 또 무엇을 하길 원하는가?'라는 물음이 훨씬 가치 있다. 행복은 강도(强度)가 아닌 빈도(頻度)다. 승진 혹은 포상(褒賞)과 같이 크고 강렬한 기쁨만이 행복은 아니다. 일하다 잠시 느껴보는 따뜻한 차 한 잔의 여유, 동료와 담소, 점심 후의 가벼운 산책만으로도 충분히 행복을 만끽할 수 있다. 행복의 속성은 특별함이 아니라 일상 속의 평범함에 있다.

2. 최선을 다해도 안 되는 일이라면 그냥 내버려둔다

최선을 다했음에도 뜻대로 되지 않는다면 애써 바로잡으려 하지

---

12) 현재 순간에 충실하라는 뜻의 라틴어 'Carpe diem'에서 비롯된 말. 영어의 'Seize the day(현재를 잡아라)'와 같은 의미.

말자. 그럴수록 매듭은 더 꼬이게 마련이다. 사막의 유목민들은 밤새 낙타를 나무에 묶어두었다가 아침에 줄을 풀어준다. 그런데 줄이 풀린 낙타는 도망가지 않는다. 이유는 낙타가 나무에 묶여 있던 시간을 기억하고 있기 때문이다. 사람도 마찬가지다. 과거의 일로 현재의 발목을 잡는 일은 없어야 한다. 직장 생활을 하면서 일과 사람으로부터 상처받는 일은 부지기수다. 그때마다 과거의 상처에 머물러서는 곤란하다. 한창 직장 생활이 지치고 힘들 때 한 선배가 해준 이야기가 있다.

"죽고 사는 문제 아니면 너무 심각하게 고민하지 마!"

'마부작침(磨斧作針)'이라는 말이 있다. 도끼를 갈아서 바늘을 만든다는 이야기다. 꾸준한 노력이 중요하다는 의미다. 하지만 많은 사람이 노력은 고사하고 시도조차 하지 않는다. 실패와 거절을 두려워하는 사람은 앞으로 나아갈 수 없다. 하지만 실패와 거절을 하나의 과정으로 받아들이는 사람은 반드시 성장하게 되어 있다.

간절히 바라는 무엇이 있다면 한 가지만 기억하자. 바로 실행하는 것이다. 꿈을 이루는 과정은 특별하지 않다. 그저 시작하고 수습하고, 또 시작하고 수습하면서 한 걸음씩 앞으로 나아가는 것이다.

한 가지 재미있는 실험이 있다. 사람들에게 펜으로 원을 그리게 했는데, 한쪽 끝은 연결하지 못하도록 했다. 그런 다음 한참을 원을 바라보도록 했다. 대부분의 사람은 펜을 들어 원을 끝까지 완성하고 싶은 욕망을 느꼈다. 인간의 뇌는 불완전 혹은 불확실한 것을 좋아하지 않는다. 불확실한 것을 제거하고 안정성, 항상성을 유지하고자 한다. 이러한 뇌의 특징에서 우리는 힌트를 얻을 수 있다. 일단 시작하는 것이다. 예를 들어 토익 점수를 올리고 싶다면 먼저 토익 시험 신청부터 하면 된다. 토익 공부를 시작하는 것은 어렵지만 토익 시험을 신청하는 일은 어렵지 않다. 일단 시작하면 수습하게 되어 있다.

미국의 존스홉킨스대 의과대학의 공동설립자인 하워드 켈리_Howard A.Kelly의 실화다. 켈리는 의사가 되기 전 생활고로 잠시 방문판매 영업을 한 적이 있었다. 어느 날이었다. 잇따른 영업 실패로 수중에 있던 돈은 다 떨어졌고, 끼니를 챙기기도 어려웠다. 배고픔을 참기 어려웠던 그는 겨우 용기를 내어 낯선 집의 문을 두드렸다. 하지만 막상 문이 열리자 부끄러운 마음에 차마 먹을 것을 달라는 이야기는 할 수 없었다. 그러나 문을 열어준 소녀는 그에게 필요한 것이 무엇인지 단번에 알아차렸다. 그리고 그에게 우유 한 잔을 대접했다. 그 뒤로 수십 년 후, 켈리는 저명한 산부인과 의사가 되었다. 하루는 희소 질병을 앓고 있는 여성 환자가 입원했다. 켈리의 헌신적인 치료로 그녀는 빠르게 회복했지만, 고액의 수술비를 감당하기는 어려웠다. 그런데 어찌 된 일인지 그녀에게 전달된 병원비 청구 명세서에는 '0'이라고 적혀 있었다. 그리고 그 아래에는 작은 메모가 하나 남겨져 있었다. '그날의 우유 한 잔으로 모든 치료비는 지급 완료되었습니다.' 알고 보니 그녀는 켈리에게 우유 한 잔을 내주었던 그 소녀였던 것이다. 나눔은 결국 선행으로 돌아오게 되어 있다.

직장 생활의 인연도 그렇다. 내 옆의 동료, 선배 혹은 후배가 어떤 도움이 될 수 있을지 아무도 모른다. 나눔을 통해 미래의 만남을 준비해야 한다.

[비법 6] 감사한다

"우리가 받은 축복에 익숙해지는 것은 지극히 인간적인 실수고, 인간적인 비극이고, 인간적인 고통이다."

- 아브라함 매슬로우 -

감사의 미덕은 익히 들어 잘 알고 있다. 그러나 감사의 실천은 생각보다 쉽지 않다. 다음 수학 문제를 살펴보자.

$$1 + 1 = 2$$
$$4 \times 8 = 28$$
$$6 + 19 = 25$$
$$7 \times 4 = 28$$
$$138 + 20 = 158$$

위의 문제 풀이를 보고 혹시 이상한 점을 발견했는가? 아마 대부분 '다섯 문항 중 한 문제는 잘못 계산되었다'라고 답할 것이다. 그러나 누구도 '네 번째 문제는 계산이 맞다'라고 이야기하지 않는다. 우리의 관점이 그렇다. 잘못된 점 혹은 문제점들을 발견하는 데는 익숙하지만 반대로 잘된 것들을 찾아내는 데는 서툴다. 이는 인간이 원시시대부터 생존을 위해 불안정한 요소를 찾아내고 이를 제거하려는 DNA를 강화시켜 왔기 때문이다.

맹수들은 사냥할 때 필요 이상으로 먹이를 포획하지 않는다. 하지만 인간은 다르다. 배가 부르더라도 이에 만족하지 않고 더 많은 것을 원한다. 어찌 보면 인간은 애초부터 감사 혹은 만족을 모르는 동물인지도 모르겠다. 그렇기에 의식적인 노력이 필요하다.

어떻게 하면 감사하는 마음을 가질 수 있을까?

1. 감정적 해석을 자제하고 현실적 대안을 구한다

록펠러_John Davison Rockefeller의 사업 동료인 에드워드 베드퍼드_Edward Bedford는 실수로 물건을 잘못 구매하여 약 백만 달러 규모의 손실을 끼치게 되었다. 그러나 록펠러는 이를 비난하지 않고 다음과 같이 이야기한다.

> "그래도 60만 달러나 회수할 수 있었으니 얼마나 다행인가, 그렇게 큰돈을 회수할 수 있었던 것은 모두 다 자네 덕일세."

승진에서 누락되면 속상한 마음이 드는 것은 당연하다. 그러나 이를 나의 역량과 경력을 점검하고 되돌아볼 좋은 기회라고 생각해본다면 어떨까? 돌이킬 수 없는 일을 자꾸 되돌아보아야 달라지는 것은 아무것도 없다. 현실을 있는 그대로 받아들이고 미래의 관점에서 오늘을 어떻게 해석하면 도움이 될지 고민해야 한다.

2. 감사할 것을 찾아내고 이를 반복해서 고백한다

의도적으로 감사할 것들을 찾아본다. 감사일기를 쓰는 것도 도움이 된다. 가능하다면 잠들기 전 오늘 하루 감사했던 일들을 2~3가지 정도 적어본다. 눈으로 보고 손으로 쓰고 머리로 떠올려야 감사의 습관이 자리를 잡는다. 습관은 행동의 변화를 끌어낸다.

나이가 들수록 새로운 도전은 망설여진다. 그만큼 실패를 만회할 기회가 줄어들기 때문이다. 그러다 보니 기존에 가지고 있는 것들을 수성하기에 급급하다.

에디슨은 위대한 발명가로 널리 알려져 있다. 그러나 동시대에 에디슨보다 더 뛰어난 과학자가 있었다는 사실을 알고 있는가? 그는 바로 테슬라다. 2차 산업혁명을 선도하는 현대적 전류공급방식을 만들어낸 장본인이다. 에디슨만큼 대중들에게 잘 알려지지는 않았지만, 역사는 그를 에디슨보다 더 뛰어난 것으로 적어도 과학자로서 능력에 있어서만큼은 평가하고 있다. 테슬라는 실패를 두려워하지 않고 새로운 도전을 지속했지만, 에디슨은 끝까지 자신의 방식만을 고집하다가 결국 테슬라와의 '전류전쟁_Current War'에서 패하고 만다. '1%의 재능과 99%의 노력'이라는 명언을 남긴 위대한 발명가 에디슨조차도 자신을 부정하고 새로운 것을 받아들이는 것은 힘든 일이었다. 실패를 두려워하는 사람들이 보이는 몇 가지 특징이 있다. 그중 대표적인 것은 조건을 붙이는 것이다.

'만일 충분한 자금이 있다면'
'시간적인 여유가 있다면'
'건강이 허락한다면'

하지만 조건이 모두 충족되었다고 성공이 보장되는 것은 아니다. 성공과 실패는 조건에 달려 있지 않다. 목적과 의지에 달려 있다. 최초의 동력 비행기를 만든 것은 라이트 형제다. 그러나 비슷한 시기에 동일한 도전을 한 사무엘 랭리_Samuel Langley라는 사람이 있었다. 단순히 조건만으로 둘을 비교하자면 성공은 랭리에 가까웠다. 학력, 자금, 지원 스태프, 언론의 관심 등 모든 면에서 라이트 형제는 경쟁 상대라고 보기 어려웠다. 그러나 결국 라이트 형제가 비행기 개발에 성공했고, 세상은 라이트 형제만을 기억한다.

한 젊은 대학생이 있었다. 평소 학교 현장의 교육과 시스템에 불만이 많았던 그는 직접 대학을 설립하겠노라 다짐한다. 그러나 대학설립을 위해서는 최소 100만 달러가 필요했다. 그는 포기하지 않고 방법을 고민했다. 그리고 '100만 달러가 주어진다면 할 수 있는 것들'이라는 주제의 강연회를 열기로 한다. 그런데 그의 강연을 듣던 한 사업가가 선뜻 100만 달러를 내놓는다. 그 사업가는 미국의 유명한 사업가 필립 아머_Philip Danforth Armour[13]였고, 이 돈으로 일리노이 공대_Illinois Institute of Technology의 전신인 아머 공과대학_Armour Institute of Technology을 설립한다. 젊은 대학생은 다름 아닌 프랭크 건솔루스_Frank Gunsaulus[14]였다.

KFC의 창업주 할랜드 데이비스 샌더스_Harland David Sanders는 그의 나이 66세에 KFC를 창업했다. 나이가 많거나 돈이 없어서 혹은 조력자가 부족해서 실패하는 것이 아니다. 실패가 두려워 실패를 경험하지 못하면 결코 성공에 이를 수 없다. 혹시 직장 생활을 하면서 '나는 오너가 아니니', '나는 직급이 낮으니', '나는 여성이니'라는 조건을 달고 있지 않은가?

---

13) Philip Danforth Armour(1832~1901) 미국 시카고에 본사를 둔 Armour & Company라는 육가공 회사의 설립자이자 사업가.

14) Frank Wakeley Gunsaulus(1856~1921) 미국의 유명 연설가, 교육자, 목사, 작가.

03

과도한 역할 몰입이
부르는 참사

  사회 구성원으로서 개인은 동시에 여러 가지 지위를 가지며 각각 주어진 지위에 따라 사회적 행위를 한다. 이때 개인이 가지는 서로 다른 지위에 따른 역할 기대가 다양할 경우 역할 기대 간에 긴장 또는 갈등이 발생하게 된다.[15]

  이러한 역할갈등은 역할의 모호성과 더불어 조직몰입을 저해하고 결과적으로 직무 만족과 성과향상에 심각한 악영향을 미치게 된다.

  영국 빅토리아 여왕과 그의 남편 앨버트 공의 일화다. 평소 사교모임에 관심이 많던 빅토리아 여왕이 모임을 핑계로 귀가 시간이 늦어지자 앨버트 공은 화가 났다. 사소한 말다툼 끝에 앨버트 공은 문을 잠그고 자신의 방으로 들어가 버렸다. 빅토리아 여왕은 화해를 요청하기 위해 남편의 방문을 두드렸다.

  "누구십니까?"

---

15) 네이버 지식백과.

퉁명스러운 목소리로 앨버트 공이 물었다.

"저는 여왕 빅토리아입니다."

그러나 문은 열리지 않았고, 여왕은 다시 문을 두드렸다. 앨버트 공은 다시 단호하게 물었다.

"누구신데 문을 이리 두드리십니까?"
"저, 빅토리아예요."

한결 부드러운 목소리로 대답했지만 이번에도 문은 열리지 않았다. 한참을 고민한 끝에 빅토리아 여왕은 다음과 같이 대답했다.

"저는 당신의 아내랍니다."

그제야 방문은 열렸고 여왕은 앨버트 공을 마주할 수 있었다.

오래전 함께 근무했던 리더분이 계셨다. 그는 누가 보아도 전형적인 워커홀릭이었다. 하루는 식사 중에 직업병에 관해서 이야기를 할 기회가 있었다. 그의 직업병은 주로 자녀 문제를 다룰 때 발동한다고 했다. 예를 들어 아이가 칭얼대면 '요점만 이야기하자'라고 말하거나 아이 담임선생님과의 면담을 마치 회사 직원과 미팅하듯이 사무적으로 대한다는 것이다. 이처럼 역할의 혼동 속에 빠져 사는 직장인들은 흔치 않게 찾아볼 수 있다.

다음은 어느 맞벌이 부부의 대화다.

하루 종일 회사일로 시달렸던 아내가 남편에게 미주알고주알 하소연을 한다.

"여보, 오늘 말이야 홍보팀 김 대리가 글쎄 회사 행사 관련 기사를 내보내는데 관련부서 실무 책임자인 나한테 미리 확인도 안 하고 기사를 올렸지 뭐야. 덕분에 잘못된 기사 올라가서 나만 팀장한테 깨졌지 뭐야."

남편이 대답한다.

"그럴 리가 있나. 대리씩이나 되어서 설마 그런 기본적인 것도 확인 안 하고 기사를 올렸겠어?"
"혹시 당신이 깜빡하고 잊은 건 아니야?"

살짝 당황한 듯한 아내는 다음과 같이 말을 이어간다.

"아니… 그게… 나중에 확인해보니 메일이 와 있긴 하더라고. 근데 메일만 보내면 다야? 내가 메일 확인 안 하면 어쩌려고 그랬어. 내가 확실하게 내용을 알도록 했어야지. 안 그래?"

남편은 차분히 되묻는다.

"그래? 그럼 그 메일 한번 확인해볼 수 있어?"

아내는 마지못해 메일을 열어 보여주었다. 그리고 확인한 전후 사정은 이랬다. 홍보팀 김 대리는 아내에게 여러 번 전화했다. 수차례 연락을 취해도 연결이 되지 않자 이메일로 먼저 검토 요청을 하고, 휴대폰으로 메일을 확인해달라는 메시지를 남겨둔 상황이었다.
남편은 득의양양한 표정으로 대화를 이어갔다.

"이봐, 당신도 잘못이 있네. 무슨 일이 있을 줄 알고 이렇게 연락을 안 받아, 직장인이 말이야. 급한 일이 있었으면 대안을 마련해놓고 볼일을 봤어야지. 홍보팀 김 대리 탓만도 아니네."

이후 두 사람의 대화는 묘한 긴장감과 긴 침묵으로 끝이 났다. 아내가 남편에게 기대했던 것은 직장 상사의 역할이 아니다. 남편의 역할을 기대했다. 자신의 잘잘못을 따질 것이 아니라 힘들고 고단한 하루를 보낸 자신을 위로하고 보듬어주길 바랐던 것이다.

집에서나 회사에서나 친구들을 만날 때나 늘 '일 중심적'인 사람은 프로가 아니다. 그저 '일 중독자'일 뿐이다. 자신에게 주어진 각각의 역할에 충실한 사람이 프로다. TV 예능프로는 출연자들의 반전매력이 프로그램을 이끌어가는 동력원이 된다. 운동선수, 연기자, 모델, 웹툰 작가 등 각자의 분야에서 전문가들로 인정받는 그들이지만 예능에서는 본업과는 상반된 모습으로 시청자들에게 재미와 감동을 선사한다. 그들이 만일 예능을 다큐멘터리 혹은 뉴스처럼 진지하고 엄숙하게 받아들였다면 시청자들의 사랑을 받을 수 있었을까? 오디션 프로그램을 보면 가끔 숙맥일 것 같은 지원자들이 마이크 앞에만 서면 프로 가수 못지않은 끼와 반전매력을 발산하는 경우가 있다. 이들의 일상은 오디션장에서의 모습과는 분명 다르다. 하지만 예상치 못한 반전은 여느 지원자들의 퍼포먼스보다 큰 감동을 준다. 직장인도 마찬가지다. 회사에서 김 대리가 집에서도 김 대리여서는 회사에서도 집에서도 큰 감동을 주기 어렵다.

04

회사가 아닌
일을 사랑하라

 '주인의식과 애사심(愛社心)' 직장인들이 가장 많이 듣는 말이다. 실제 기업의 오너들이 직원들에게 가장 기대하고 바라는 것이 주인 의식과 애사심이라고 한다. 월급은 적더라도 회사가 내 것이라고 생 각하고 아끼고 절약하면서 불철주야(不撤晝夜) 업무에 매진해주길 기대한다. 사실 주인의식과 애사심(愛社心), 책임의식과 애사심(愛事 心)은 동전의 양면과도 같다. 주인의식이 없는 사람이 애사심(愛社 心)이 있을 리 없고, 애사심(愛事心)이 있는 사람에게 책임감이란 너 무도 당연한 것이기 때문이다. 그런데 주인의식과 애사심이라는 것 은 목소리만 크게 외친다고 생겨나는 것이 아니다. 회사에서 아무리 주인의식을 강조한다 해도 실제 회사의 주인도 아닌 직원들이 주인 의식을 가질 리 없다. 그래서 개인적으로는 이를 조금 다르게 표현해 보고 싶다. '주인의식'보다는 '책임의식', '애사심(愛社心)'보다는 '애 사심(愛事心)'을 이야기해보면 어떨까 싶다.
 먼저 주인의식에 대한 이야기를 해보자. 수년 동안 신입사원 교육을 담당하면서 단 한 번도 주인의식을 가지라는 말은 해본 적이 없다. 이는 인사/교육 담당자로서 소명의식이 부족하거나 조직 로열티가 낮아서 그런 것이 아니다. 회사에 불만이 있어서는 더더욱 아니다.

멀리는 베이비붐 세대_baby boom generation, 가깝게는 X세대[16]에 이르기까지 주인의식이라는 말은 크게 거부감이 없이 받아들여져 왔다. 하지만 밀레니얼 세대_millenials[17]에게 주인의식이란 국민교육헌장에서 이야기하는 "우리는 민족중흥의 역사적 사명을 띠고 이 땅에 태어났다"와 비슷한 느낌으로 받아들여지는 것 같다. 모두가 잘 알고 있듯이 우리는 '민족중흥의 역사적 사명을 띠고 태어난 사람'이 아니다. 그런 마음으로 '국가와 민족을 위해 봉사하고 헌신'하라는 의미일 뿐이다. 동일한 맥락에서 우리는 회사의 주인이 아니다. 다소 도발적으로 들릴지는 모르겠지만 엄연한 사실이다. 개인적으로 현재 근무 중인 회사 주식을 단 1주도 보유하고 있지 않다. 앞으로도 그럴 계획은 없다. 설사 내가 회사 주식을 1,000주 혹은 10,000주를 보유하더라도 회사의 주인이 될 수 없음을 잘 알고 있다. 혹자는 우리 사주를 통해 직원들의 로열티를 높일 수 있다고 말한다. 그러나 이는 주식을 보유함으로써 노동자도 자본 계급의 세계에 편입될 수 있다고 믿는 것만큼 허황한 생각이다. 우리 사주는 월급이나 인센티브와 같이 회사에서 직원들에게 제공하는 다양한 보상들 중 하나일 뿐이다. 실제로 우리 사주가 직원들의 주인의식과 업무 행태에 별다른 영향을 미

---

16) 1968년을 전후해서 태어난 세대로서 정확한 특징을 설명하기가 모호한 세대. 베이비붐 세대 마지막 10년을 이루는 시기에 태어났다고 해서 베이비 버스트 세대(baby-bust generation)라고도 함.

17) 1980년대 초(1980~1982년)부터 2000년대 초(2000~2004년)까지 출생한 세대를 일컫는다. 미국 세대전문가인 닐 하우와 윌리엄 스트라우스가 1991년 펴낸 책『세대들, 미국 미래의 역사(Generations: The History of America's Future)』에서 처음 언급했다. [네이버 지식백과] 밀레니얼 세대[millenials](한경 경제용어사전).

치지 않는다는 영국과 대만 학자들의 실증적 연구논문도 있다.[18] 그래서 개인적으로는 주인의식이라는 용어 대신에 합리적으로 수용할 만한 다른 단어를 제안하고자 한다. 그것은 책임의식이다. 노동력을 제공하고 이에 합당한 대가를 얻는 사람으로서의 책임감이다. 프로는 자신이 맡은 일에 책임을 다하고 사용자가 지불한 비용 이상의 가치를 제공할 수 있어야 한다. 혼자 이것저것 만지작거리다가 싫증나면 그만두는 사람은 프로가 아니다. 끈기와 인내를 가지고 지속적으로 최선의 결과를 내기 위해 노력하는 사람이 책임의식이 있는 사람이며 프로의식을 가진 직장인이다. '애사심(愛社心)'도 마찬가지다. 지금 내가 하고 있는 일이 먼저다. 자기 일을 통해서 성취감과 행복 그리고 성장을 경험해야 한다. 회사에 대한 애정은 이런 경험을 통해서 자연스럽게 생겨나는 것이다. 회사를 필요 이상으로 사랑하다 보면 자칫 도덕적 윤리적으로 올바르지 못한 선택을 하여 아픈 이별을 경험하기도 한다. 맹목적 충성이 불러오는 참담한 비극을 우리는 회사 안팎에서 보아왔다. 그러나 내가 하는 일을 과하게 사랑한다고 해서 문제될 것은 없다. 회사를 떠나도 내 업에 대한 경험과 실력 그리고 켜켜이 쌓인 내공은 남기 때문이다. 억지로 회사를 사랑하라고 강요하거나 또 그렇게 마음먹을 필요는 없다. 그저 내가 하는 일에 집중하면 될 일이다.

---

18) 〈DBR 경영의 지혜, 우리 사주 제도가 주인의식을 키우는 건 아니다〉, 문광수, 동아일보, 2017.7.26. 기사원문 참조.

05

'낭중지추(囊中之錐)'의
함정에 빠지지 말라

　직장인의 숙명은 '끊임없이 자신의 가치를 증명'하는 것이다.

　'낭중지추(囊中之錐)'라는 말이 있다. '낭중지추(囊中之錐)'란 '주머니 속의 송곳'이라는 의미로 능력이 출중한 사람은 어디서든 빛을 발하게 되어 있다는 의미다. 직업인이라는 관점에서 본다면 맞는 말이다. 그러나 직장인이라는 관점에서 보자면 문제는 조금 달라진다. '열심히 일하다 보면 언젠가 알아줄 날이 오겠지'라고 믿겠지만, 불행하게도 열심히만 하면 회사를 떠나기 전까지 소처럼 일만 하게 될 확률이 더 높다. 우리는 성실한 사람으로 인정받는 것과 능력이 있는 사람으로 인정받는 것을 구분할 줄 알아야 한다. 직장에서는 '낭중지추(囊中之錐)'보다 '모수자천(毛遂自薦)'의 지혜가 더 유용하다. 모수자천은 모수란 사람이 자신을 스스로 천거하였다는 의미로 사기(史記) 평원군 열전(平原君列傳)에서 유래한다.[19]

---

19) 네이버 지식백과, 두산백과 참조.

전국시대에 조왕 은평이 초(楚) 나라에 합종(合從)을 요청하려 했다. 출발에 앞서 문하에 출입하는 식객 중 20명을 뽑아 같이 가려 했는데, 19명을 선발하고 적당한 사람이 없어 1명을 채우지 못했다. 이때 식객 중에 모수(毛遂)라는 사람이 스스로 자기가 끼기를 청하였고, 이에 평원군은 모수를 데리고 초나라로 떠난다. 초왕과의 회담에서 식객 19명이 모두 별 성과를 거두지 못하자, 평원군은 마침내 모수에게 어떻게 하면 되겠냐고 물었다. 이 말을 들은 모수는 칼을 빼어 든 채 초왕의 면전으로 나아가 "당신은 수많은 군사를 거느리고 있지만 지금 당신의 목숨은 내 손에 달려 있습니다. 은(殷)의 탕왕(湯王)이나 주(周)의 문왕(文王)이 패업을 이룬 것은 군사가 많았기 때문이 아닙니다. 그런데 지금 초나라는 땅도 비옥하고 군사도 많습니다. 그런데도 진나라 군사에게 종묘를 위협받고 있는 것은 무슨 까닭입니까. 합종은 초나라도 위한 것이지 조나라만 위한 것은 아닙니다" 하고 설득하여 마침내 합종을 성공시켰다. 일을 마무리하고 조나라로 돌아온 평원군은 이후 모수를 상객(上客)으로 모시고 후하게 대접했다 한다.

정말 대단한 재주를 가진 사람이 아니고서야 조직 생활에서 낭중지추를 이야기하기는 쉽지 않다. 또한 주머니 속의 송곳이 될 만큼 능력이 출중한 사람이라도 조직 내에서 자신의 존재가치에 대해서 끊임없이 증명을 해내지 못하면 자연스레 도태될 수밖에 없다. 겸양(謙讓)은 직장인의 미덕이 아니다. 되려 지나친 겸양은 자기 관리에 해(害)가 된다. 금주/금연하고, 운동 열심히 하고, 책 읽고, 외부 강연을 열심히 다니는 것만이 자기 관리가 아니다. 직장에서 자기 관리를 잘한다는 것은 자신의 단점은 최대한 가리고, 장점과 성과는 극대화하는 것이다. '자기관리'에는 숨겨진 단어가 하나 있다. 그것은 바로 '가치'다. '자기가치관리'가 곧 직장 생활의 핵심이다. '가만히 있으면 중간이라도 간다'라는 말이 있다. 직장에서는 통용되지 않는다. 가만히 있으면 누군가에게 늘 끌려다닐 수밖에 없다. 중간이라도 가려면 자기 목소리를 내야 한다. 회의 중에 침묵하는 사람은 진중한 혹은 신중한 사람이 아니다. 생각 없는 사람일 뿐이다.

누군가는 알아줄 것이라 기대하고 바라는 것은 주관적 생각 혹은 상상에 불과하다. 하지만 먼저 자신을 알리는 것은 적극적인 행동이다. 당신은 생각 속에 머물러 있는 직장인인가? 아니면 행동하는 직장인인가? 행동하는 직장인이 진정한 프로다.

06

근태와 성실함, 칼퇴근과 스마트 워킹의 상관관계

근태와 성실함

'근태가 좋은 사람' = **'성실한 사람'**이라는 공식은 오랫동안 조직 내에서 통용되어왔다. 그러나 개인적으로는 조금 다른 생각을 가지고 있다. 정확히 표현하면 모두가 그렇지는 않다. 실제로 근태가 좋지 못했던 사람 중에서도 '성실하다'라고 평가받는 사람들을 보았다. 물론 그 반대의 경우도 있다. 이는 근태와 성실함의 개념에 대해서 서로 다르게 이해하고 있기 때문이다. 그렇다면 근태는 무엇이고 또 성실하다는 것은 어떤 의미일까? 먼저 근태는 출/결근을 의미한다. '근무태도'의 약자가 아니다. '근무시간 관리' 정도라고 이해하면 좋을 것이다. 다음은 성실함이다. 사전적으로 성실함은 '정성스럽고 참되다'[20]라는 의미를 가지고 있다. 주어진 일을 정성스럽고 온 마음을 다해 처리하는 사람을 우리는 '성실하다'라고 이야기한다. 물론 성실

---

20) 표준국어대사전.

한 사람들은 대체로 근무시간 관리를 잘할 것이다. 문제는 근태를 인사고과의 일부 평가항목으로 보지 않고, 개인 역량 혹은 성과에 대한 정성적 평가의 주요 근거로 삼으려 할 때 발생한다. 마치 근태가 직장 생활의 성공을 담보하는 중요한 공식인 양 이야기하는 것은 잘못되었다. 일찍 출근하고 늦게 퇴근하는 사람이 근태가 좋은 사람은 아니다. 또한 근태가 좋은 사람이 성실한 사람도 아니며, 성실하다고 좋은 성과를 내는 것도 아니다. 혹자는 '회사 실적 혹은 개인의 성과가 좋을 때는 근태를 별 문제 삼지 않지만, 그 반대의 경우에는 근태가 문제가 된다'라고 이야기하며 근태의 중요성을 강변한다. 그러나 정상적인 회사라면 근태는 회사의 실적, 개인의 성과에 관계없이 동일한 기준과 잣대로 평가되어야 한다.

최근에는 '일과 삶의 균형_Work & Life Balance' 차원에서 많은 기업이 '유연근무제도'를 택하고 있다. 직원들 개개인의 성향과 삶의 패턴에 맞게 자율성을 부여하는 것이다. 근태에 대한 자율성이 개인뿐만 아니라 조직의 성과 창출에도 많은 기여를 한다고 보기 때문이다. 그렇기에 근태에 필요 이상의 의미를 두는 것은 분명 경계해야 한다. 다만 회사마다 처한 상황이 다르고 추구하는 핵심가치와 조직문화가 상이한 만큼 내가 몸담고 있는 조직이 근태를 어떻게 정의 내리고 해석하는지 살펴볼 필요는 있다. 그리고 불합리한 평가의 도구로 활용이 되지 않는 이상 이를 존중하는 태도를 보이는 것도 중요하다. 이는 우리가 집단 생활을 하면서 서로 지키기로 한 약속 혹은 비즈니스 매너차원에서 해석될 수도 있기 때문이다.

칼퇴근과 스마트 워킹

'칼퇴근을 원한다면 스마트하게 일하는 법을 배워라!'

많이들 하는 이야기다. 하지만 반은 맞고 반은 틀리다.

스마트 워킹은 업무의 효율성을 높이고 불필요한 시간 낭비를 막아 근로자의 생산성을 높이려는 활동이다. 그러나 생산성의 향상과 칼퇴근은 직접적인 관련이 없다. 시간당 업무 처리의 속도와 퀄리티가 높아졌다고 해서 야근이 사라지는 것은 아니다. 되려 업무 처리 속도가 증가함에 따라 더 많은 일을 해야 할 수도 있다. 그렇기에 칼퇴근을 목표로 한 스마트 워킹은 다음과 같이 바꾸어 말해야 한다.

'칼퇴근을 해야 스마트 워킹이 가능하다!'

조직원들이 스마트하게 일하고 성과를 내기를 바란다면 먼저 정시 퇴근부터 할 수 있도록 해야 한다. 토익 시험의 경험을 떠올려보자. 대부분의 응시자에게 시험은 곧 시간과의 싸움이다. 그런데 시험 시간이 늘어날수록 변별력은 떨어진다. 이렇게 되면 진짜 실력 있는 사람을 가려내기 어렵다.

일도 마찬가지다. 야근 혹은 주말 근무라는 카드를 매만지는 사람에게 스마트 워킹은 요원한 일이다. 스마트하게 일을 하고 싶다면, 근로 시간의 '리밋_Limit'부터 정해야 한다. 그러면 자연스레 제한된 시간 안에서 문제를 해결하기 위한 방법을 찾게 되어 있다. 물론 쉬운 일은 아니다. 특히 여전히 보수적인 한국의 기업문화에서는 그렇다. 퇴근 시간은 이미 지났지만 제때 마무리 못 한 일들은 찝찝함으로 남는다. 때로는 상사의 괴롭힘도 각오해야 할 것이다. 물론 어쩔 수 없이 초과근무를 해야 하는 경우도 있다. 특별한 경우를 제외하고서는 가급적 예외 케이스를 만들지 않도록 노력해야 한다. 그러나 지레 포기할 필요는 없다. 속도의 문제일 뿐 반드시 해결될 것이다.

07

꼰대들이 알아야 하는 것들

어쩌다 야근, 주말 출근의 부당거래

주 5일제가 시작된 건 지금으로부터 약 15년 전인 2004년부터다. 따지고 보면 주말이 있는 삶을 살아온 것이 그리 오래되지 않은 셈이다. 그래서인지 몰라도 한국의 근로 현장에서는 여전히 '일과 삶의 균형', '주말이 있는 삶'을 먼 나라 이야기처럼 여기는 사람들이 많다. 실제로 2013년 기준으로 한국은 연간 노동시간 2,163시간으로 OECD 주요 34개국 중 2위를 차지했으며, 이듬해인 2014년에는 2,285시간으로 OECD 1위를 차지했다. 2015년 2,071시간으로 소폭 감소하기는 했으나, 여전히 OECD 주요 가입국 중에서 두 번째로 노동시간이 긴 국가라는 오명을 쓰고 있다. 근로시간이 가장 짧은 독일에 비해 무려 2배에 가까운 시간을 직장에서 보내고 있는 셈이다.[21] 대체 이유가 무엇일까? 물론 일차적인 책임은 기업에 있겠지만, 리더의 잘

---

21) 〈중앙일보〉, OECD 국가 중 연간 근로시간 긴 나라 2위 한국… 1위는?, 2017.

못된 태도도 한몫을 하고 있다.

1. 근무시간이 근로자의 성과 혹은 성실함을 대변한다고 믿는다

개인의 역량 및 성과와 관계없이 야근 혹은 주말 출근 횟수를 연말 평가 기준으로 삼는 경우가 있다. 이런 환경에서는 '일과 삶의 균형'이 잘 지켜지기 어렵다.

2. 변화에 대해 이중적 태도를 취한다

필요성은 인정하지만 정작 변화의 폭에 대해서는 한계선을 긋는다. "이 정도면 잘해주는 거지 뭐." 그런데 사실 이 말이 더 위험하다. 더 나아질 수 있는 희망의 싹을 잘라버리는 말처럼 들리기 때문이다. "가끔 주말 출근하는 건데, 이 정도면 괜찮은 거 아니야?", "평소에 칼퇴근하니깐 야근 좀 해도 되잖아." 그런데 사실 엄밀히 따지면 칼퇴근이라는 말도 요즘 젊은 세대의 직장인들에게는 틀린 말이다.[22] "이번엔 어쩔 수 없는 상황이라서 그래. 이해해줘." 하지만 찬찬히 살펴보면 어쩔 수 없는 상황이라서 그런 경우는 많지 않다. 일이 많으면 일을 줄이거나 품질을 낮춰야 함에도 두 가지를 모두 손에 쥐고 어느 것 하나도 포기하려 하지 않기 때문이다. 이들을 포기하느니 차라리 야근하고 주말에 출근하는 편이 낫다고 생각하는 그 지점이 문제인 것이다. 주 3일 야근에서 주 1일 야근으로 바뀌었다고, 주 1일 야근을 정당화하는 것은 옳지 않다.

---

22) 〈90년생이 온다〉, 임홍택, 웨일북, 2018.

어쩌다 회식

회식은 업무의 연장일까? 그럴 수도 혹은 그렇지 않을 수도 있다. 먼저 회식을 업무의 연장이라 이야기하는 이유를 살펴보자. 첫 번째, 회식비는 회사가 부담한다. 내 돈 내고 밥 먹고 술 마시는 것이라면 굳이 회식이라 부를 이유가 없다. 두 번째, 비공식적으로 업무 관련한 유용한 사내외 정보들을 주고받을 수 있다. 반대로 회식을 업무로 보지 않는 이유는 다음과 같다. 첫 번째, 근로 시간 이후에 벌어진다. 두 번째, 도움이 되는 정보와 필요한 정보는 다르다. 필요한 정보는 공식적인 업무 시간에 충분히 얻을 수 있다. 사실 회식이 업무인가 아닌가는 그리 중요하지 않다. 이보다는 '회식을 통해 우리가 얻고자 하는 것은 무엇인가?'라는 것이다. 애써 시간과 돈을 투자했는데 행복한 이는 오직 '나' 한 사람뿐이라면? 생각해볼 문제다. 회식을 일처럼 생각하면 서로가 불편하다. 누군가에겐 실제 일이 되기도 한다. 보통은 막내 직원이 회식 장소, 메뉴, 시간 등을 체크한다. 팀원들이 가장 좋아하는 회식은 '회식을 하지 않는 것'이라고 한다. 회식이 일이 되면 그렇다. 가장 좋은 것은 그냥 어쩌다 서로 마음이 맞아 저녁 식사한 끼 함께하는 것이 아닐까? 그게 말처럼 쉽지 않다면 다음과 같이 회식 운영방식을 조금 바꿔보는 것은 어떨까?

1. 구성원들이 원하는 시간과 장소 그리고 메뉴를 정한다.
2. 회식 자리에서 업무 이야기는 하지 않는다.
3. 출발은 함께해도 끝은 자율에 맡긴다.

편안한 만남 속에 꽃피는 팀워크를 기대한다면 '어쩌다 회식'도 고려해볼 만하지 않을까?

일과 삶의 균형을 강조하는 최근 사회적인 분위기는 '주 52시간 근로'라는 법적/제도적인 장치로 인해 더욱 가속화되고 있다. 덕분에 퇴근 시간이 빨라졌다. 그러나 여전히 변화의 흐름을 따라가지 못하는 기업들도 있다. 그 이유는 무엇일까?

1. 일은 그대로인데, 근로시간만 줄어들었다

퇴근은 하라는데 마무리 못 한 일들이 여전히 남아 있다. 어쩔 수 없이 재택근무를 해야만 한다. 이를 해결하기 위해서는 먼저 개인 업무에 대한 점검이 필요하다. 업무 우선순위에 따라 시간 배분이 되고 있는지, 일과 중 시간낭비 요소는 없는지, 비효율적인 업무 프로세스는 없는지 살펴보아야 한다. 그런데도 제시간 내에 업무를 마치기 어려울 때는 다음 세 가지 해결방법이 있다. 물론 상사의 도움이 필요하다. 하지만 상사의 지원을 받아내는 것 역시도 내 일이다. 사람을 충원하거나, 일을 줄이거나, 일의 품질을 낮추는 것이다. 그러나 인원 충원은 쉬운 일이 아니다. 가장 마지막에 선택해야 할 옵션이다. 이보다 일을 줄이거나 품질을 낮추는 편이 좀 더 현실적이다. 어떻게 하면 일의 양과 품질을 낮추고도 성과에 대한 책임을 최소화할 수 있을까? 일은 중요성과 시급성을 기준으로 크게 네 가지 종류로 나누어볼 수 있다. 중요하면서 급한 일, 중요하지만 급하지 않은 일, 중요하지 않지만 급한 일, 중요하지도 않고 급하지도 않은 일이 있다. 이때 중요하지도 않고 급하지도 않은 일들은 과감하게 제거하고, 중요하지는 않지만 급한 일들은 품질을 낮추어도 큰 문제가 되지 않는다.

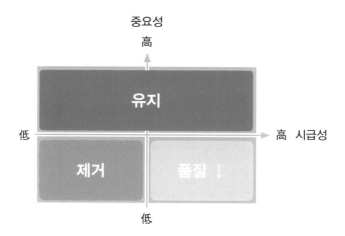

2. 정시 퇴근은 한낱 구호에 불과하다

퇴근 시간은 가까워 오는데 업무를 마무리하려는 사람은 보이지 않는다. 퇴근을 종용해도 멋쩍은 웃음만 되돌아올 뿐이다. 서로 눈치를 본다. 직장상사 혹은 동료 직원이 자리를 지키고 있으니 내가 먼저 일어나기 불편한 것이다. 문화란 집단의 공통된 사고방식, 행동양식을 의미한다. 일과 삶의 균형을 잘 지키는 직장문화를 만들어가기 위해서는 우리 모두가 함께 노력해야 한다. 물론 리더의 역할이 가장 중요하다. 적절한 업무분장, 일의 효율성 점검 등 일, 제도, 문화적인 측면에서 총체적인 접근이 필요하다.

의자에 궁둥이 오래 붙이고 있는 사람이 성공하던 시대는 지났다. 적은 시간 일하고도 높은 성과를 만들어낼 수 있는 사람이 능력 있는 사람으로 인정받는 시대가 왔다. 기술 변화의 속도만큼은 아니지만, 직장 문화도 변화하고 있다. 중요한 것은 이러한 근로 문화가 자연스럽게 정착될 때까지는 지속적이고 반복적으로 이를 강조해야 한다는 것이다. 퇴근 시간 무렵 리더의 침묵은 직원들에게 야근을 강요하는 것과 다름없다. 변화의 흐름을 따라가지 못하는 자는 도태된다.

08

꼰대들을 위한 변명

입사한 지 6개월이 채 안 된 신입직원이 퇴사했다. 남들보다 더 많은 일을 하면서 같은 돈은 받기 싫어서란다. 지금보다 적게 일해도 돈은 더 많이 받는 회사로 떠나겠다고 했다. 애써 키운 신입직원을 내보내면서 크게 두 가지 감정이 교차했다. 첫 번째는 새로운 세대의 요구를 충분히 이해하고 수용하지 못했다는 것에 대한 반성이다. 세상도 조직도 변화하고 있지만, 여전히 이들의 눈높이를 맞추기에는 부족함이 있는 듯하다. 두 번째는 인간적인 서운함이다. 당장 눈에 띄는 보상을 쫓기보다 '조금 시간은 걸리더라도 개인의 성장과 경력개발에 대한 고민을 더 해보았으면 어떨까?'라는 아쉬움이 들었다. 사실 어떤 선택이 옳다라고 단언하기 어렵다. 다만 이런 혼란을 겪으면서 문득 한 단어가 떠올랐다. '기다림'이다. 정의를 외치는 사람은 많지만, 우리 조직 안에는 복잡한 이해관계와 갈등의 요소들이 공존하고 있음을 헤아리는 사람은 많지 않다. 세상은 참 빠르게도 변화하고 있다. 그리고 세상이 변화하는 속도에 맞춰 조직문화도 변하고 있다.

그런데도 꼰대[23]라는 손가락질과 함께 세대 간의 갈등이 잦아들지 않고 있는 것은 우리가 희망하는 변화의 속도가 기대만큼 빠르지 않기 때문일 것이다. 그런데 오늘의 직장 문화는 어느 한 세대의 획기적인 의식 혹은 인식 전환에 의한 것이 아니다. 점진적인 변화의 과정에서 각 세대들이 저마다 감내할 수 있을 만큼의 노력을 해왔기 때문에 가능한 일이었다. 이에 대한 존중과 이해가 필요하다. 겸손하게 나를 돌아보자. '지금의 나는 이 변화에 어떤 기여를 했을까?'

꼰대들이 가진 두 가지 특징은 '고집'과 '불통'이다. 그들은 자신들의 과거 성공 경험에 비추어 세상을 바라본다. 그러나 예전의 성공 방식은 오늘 그리고 미래의 성공방식과는 다를 것이다. 따라서 꼰대라 불리는 기성세대들은 '지적 겸손도_Intellectual humility'를 높이기 위해 노력해야 한다. 나만이 정답이라고 생각하는 순간 호기심과 배움 그리고 성장의 기회는 사라진다. 이는 밀레니얼 세대_Millenials도 예외가 아니다. 세대 간의 인식 차이는 있겠지만 우리는 모두 다음 세대를 위한 변화에 책임이 있다. 그런 의미에서 우리는 동반자다. 이조차 받아들이기 어렵다면 어쩌면 우리는 또 다른 '젊은 꼰대'일지도 모른다.

---

23) 꼰대 또는 꼰대는 본래 아버지나 교사 등 나이 많은 남자를 가리켜 학생이나 청소년들이 쓰던 은어였으나, 근래에는 자기의 구태의연한 사고 방식을 타인에게 강요하는 이른바 꼰대질을 하는 직장 상사나 나이 많은 사람을 가리키는 말로 의미가 변형된 속어이다[위키백과].

09

가끔은 쉼표도 필요하다

"음악에 있어 진정한 예술성이란 음표를 정확히 표현하고 있느냐가 아니라
음표와 음표 사이의 쉼표를 잘 표현하고 있느냐에 달려 있다."

- 안톤 루빈시테인 / 러시아 작곡가 -

대략 7~8년 전부터 분기에 한 번꼴로 제주도를 방문하고 있다. 하지만 늘 제주도는 새롭다. 새롭게 개발되는 휴양지와 편의시설들 때문이 아니라 언제 보아도 맑고 푸른 바다와 날것 그대로의 자연 풍경 때문이다. 그래서 한때는 제주도 이주도 고민했었다. 그러나 '제주도 살기'에서 '제주도 가끔 살아보기'로 마음을 고쳐먹게 된 이유는 한강을 마주 보고 사는 누나와 나눴던 이야기 때문이다.

"매일 이런 멋진 풍경을 보고 사니 얼마나 좋아?"

"매일 볼 것 같지? 한 달에 한 번도 잘 안 봐. 처음에는 앉아서 차도 마시고 그랬지, 근데 이젠 익숙해지니까. 그리고 바쁜데 누가 한가하게 그러고 있어."

그 뒤로 제주도 이주에 대해서는 다시 한번 고민해보기로 했다. 지금이야 도심 속에 찌들어 살다가 가끔 방문하는 제주도가 낙원처럼 느껴지겠지만 일상의 제주도는 어떨는지 확신하기 어려웠다. 곰곰이 생각해보니 내가 원하는 것은 제주도에서의 삶이 아니라 잠깐의 '쉼'이었다. 도심 생활이 싫었다기보다 반복되는 일상에서 잠시 물러서 있는 것이 필요할 뿐이었다. 제주도는 그 쉼을 가능하게 해주었던 조금 특별한 장소였을 뿐 유일한 대안은 아니었다.

우리는 일터와 가정 속에서 제대로 된 쉼을 누리지 못하는 것 같다. 쉼을 위한 여행에서조차 내가 아닌 다른 누군가의 시선에서 자유롭지 못하고, 카메라 렌즈 속에 비친 세상을 갈망하느라 내 눈앞에 펼쳐진 진짜 세상을 바라보지 못한다. 그렇다면 쉼이란 무엇이고 어떻게 얻을 수 있을까? 많은 전문가들은 쉼을 위해서 다음과 같은 세 가지 공통된 요소들이 필요하다고 이야기한다.

1. 속도를 늦춘다

미식가는 슬로푸드를 즐긴다. 요리의 깊은 맛은 숙성된 재료에서 비롯하기 때문이다. 우리의 인생도 마찬가지다. 회사 밖을 나와서는 한 템포 늦추는 것도 괜찮다. 우리의 삶에는 '느림의 미학'이 필요하다.

2. 몰입의 기쁨을 누린다

한때 아무것도 보이지 않는 어둠 속 식당이 인기를 끈 적이 있었다. 물론 호기심과 재미 요소 때문이기도 하겠지만 성공 요인은 의외로 음식 맛이었다. 어둠 속에서는 온전히 음식의 맛에만 집중할 수밖에 없기 때문이다. 몰입의 경험이 없이는 내가 하는 일의 깊이와 가치를 깨닫기 어렵다.

3. 웃음이 필요하다

웃음은 근육의 긴장을 풀어주어 스트레스 해소에 많은 도움이 된다. 또한 유해 호르몬인 코르티솔의 분비를 감소시키고 면역력을 증가시키는 효과가 있다. '1분 웃음'의 효과는 '약 10분가량의 달리기 혹은 노 젓기'만큼의 효과가 있다.

프로야구 투수들의 등판 일정은 아마추어와 달리 일정한 간격으로 짜여져 있다. 이는 선수들이 정상 컨디션을 유지하고 장기적으로는 선수생명을 보호하기 위한 조치다. 직장인도 마찬가지다. 업무의 생산성을 높이기 위해서는 근무시간이 아니라 휴식시간을 적정수준 이상으로 늘려야 한다. 실제 휴일의 증가가 근로자의 생산성과 유의미한 연관성이 있다는 연구 결과도 있다.[24] 그러나 안타깝게도 현실은 그렇지 못하다. 불필요한 야근, 주말 출근, 회식 등 1년 365일 브레이크가 고장 난 폭주 기관차에 올라탄 것처럼 피곤한 일상을 반복하고 있다.

똑같은 일을 하더라도 어떤 사람은 늘 에너지가 넘치고 높은 수준의 성과물을 내는 데 반하여 1년 내내 일만 붙들고 있어도 도무지 성과가 나지 않는 사람들도 있다. 두 사람의 차이는 '능력'의 차이가 아닌 '쉼'의 차이다.

무엇인가를 꼭 이루어내야 한다는 조바심은 잠시 내려놓고 평범한 일상 속에서 쉼을 누려보자. 멀리 떠나는 여행이 아니어도 괜찮다. 가족과 함께 손 붙잡고 가벼운 산책을 즐기는 것만으로도 충분한 휴식이 될 수 있다. 퇴근 후 가벼운 운동이나 취미 활동도 괜찮다. 집에서 따뜻한 차 한 잔 마시면서 책을 읽는 것도 좋다.

---

24) 〈기업의 휴일 및 휴가의 증가가 근로자의 노동생산성에 미치는 영향분석〉, 박종성, 학위논문 (석사), 2015.

꿈을 찾아 떠나기 전에
돌아봐야 할 것

'네 꿈을 찾아 떠나라!'

'하고 싶은 일을 해야 성공한다!'

'열심히 하는 자는 즐기는 자를 이길 수 없다!'

참 좋은 말이다. 틀린 말이 아닌 것도 알겠다. 그런데 잠깐,

새로운 인생을 찾아 떠나기 전에 잠시만 호흡을 고르고 지금 내가 하는 일을 돌아보자. 어차피 먼 길 떠나는데 잠시 쉬어간들 무슨 문제가 되겠는가? 누구에게나 시련은 찾아온다. 그런데 시련을 대하는 모습은 사람마다 각기 다르다. 사무실에 앉아 있으면 옆자리 동료들의 푹푹 한숨 쉬는 소리가 들릴 때가 있다.

"아… 정말 이 일은 내 적성에 안 맞아… 난 직장인 체질은 아닌가 봐!"

그런데 가만히 지켜보면 헛웃음이 나온다. 그런 푸념을 늘어놓는 동료 직원이야말로 누가 보아도 전형적이고 모범적(?)인 직장인이기

때문이다.

김연아는 피겨 역사에 한 획을 그은 자타공인 세계 최고의 피겨스케이팅 선수다. 그런 그녀도 피겨 선수로서의 생활이 늘 즐겁고 행복했던 것은 아니었다. 정상의 자리를 지키기 위해서는 피나는 노력을 해야만 했다. 하루에도 몇 번씩 스케이트화를 벗어 던지고 싶은 충동을 이겨내야만 했다. 그렇다면 피겨스케이팅은 그녀에게 평생의 '업'이 아닌 단순히 먹고살기 위한 '일'이었을까?

모든 일에는 양면성이 있다. 좋은 것이 있으면 나쁜 것 혹은 싫은 것도 있다. 우리의 일을 바라볼 때도 이러한 관점을 유지하고 있는지 돌아보자. 혹시 지금 내가 하는 일이 죽을 만큼 힘들다 해서 혹은 만족스러운 결과물을 얻지 못해서 이 일은 내 천직이 아니라고 섣부른 판단을 내리고 있지는 않은가? 결혼이 적절한 비유가 될지 모르겠다. 50억 인구 중에 내 배우자는 딱 한 명뿐이다. 평생을 함께해야 할 배우자를 선택하는 일도 내 '업'을 선택하는 것만큼 중요한 일이다. 그렇다면 질문을 바꿔보겠다.

"당신은 운명의 그 사람과 함께하고 있나요?"

수십억 인구 중에 오직 이 사람만이 내 진정한 반려자임을 확신할 수 있을까? 만약 지금의 배우자가 진정한 내 반쪽이 아니라면 이혼이라도 해서 내가 바라고 원하던 사람을 찾아 떠나야 하는 것일까? 그렇지 않을 것이다. 직장도 마찬가지다. 최선의 선택도 중요하지만, 내가 한 선택이 최선이 되게 하는 일도 중요하다. 이러한 고민과 노력 없이 '이 길은 내 길이 아닌가 봐'라며 속단을 내리지는 않았으면 한다.

PART
02

관계 속에서
혼란을 느낄 때

01

피하고 싶은
직장동료, 후배, 상사는?

삼성경제연구소에서 발표한 〈대한민국 직장인의 행복을 말하다〉라는 리포트에 따르면 직장인의 행복을 결정짓는 가장 중요한 요소 중 하나가 바로 '상사/동료의 지원'이다.

물론 위의 결과와는 반대로 직무의 자율성과 직무 구조의 개선을 통해 직무 열의를 높이는 방식이 직장인의 행복에 더 큰 영향을 미칠 것이라는 의견[1]도 있다. 그러나 직장 내 긍정적인 관계 교환 혹은 지원이 직장인의 행복에 더 부합한다[2]는 주장이 한국 사회에서는 더 설득력이 있어 보인다. 실제 서양 문화권에서는 명확한 직무 경계, 업무 자율성을 강조하는 것에 반해 한국은 집단주의 문화를 기반으로 관계적인 측면을 더 강조하고 있다.

1) Fisher, C. D.(2010), Happiness at work, International Journal of Management Reviews, 12(4): 384-412.
2) Kottke, J. L., & Sharafinski, C. E.(1988), Measuring perceived supervisory and organizational support, Educational and Psychological Measurement, 48(4): 1,075-1,079.

우리 주변에는 이러한 관계를 빌미로 동료들을 괴롭히는 사람들이 있다. 가장 빈번하게 마주하게 되는 그들의 유형을 정리해보았다. 혹시나 나는 여기에 해당하시 않는지 체크해보길 바란다.

1. 친분을 빌미로 일 떠넘기기

"아무래도 그쪽에서 하는 게 더 자연스러울 것 같은데?"

"차나 한잔할까?"라는 가벼운 말로 대화를 유도한다.

힘든 일은 없었는지, 도와줄 일은 없는지 자연스럽게 대화를 이끌어나간다. 하지만 종국에는 '그래서 말인데…'라는 말로 마무리가 된다. 쌓여가는 것은 스트레스와 산적한 업무뿐이다.

2. 궁둥이로 일하기

"오늘도 참 수고 많았어!"

오래 앉아 있는 것이 성과를 잘 내는 것이라고 착각하는 사람들이 있다. 특별한 일이 없는데도 늦게까지 남아 저녁 식사까지 챙기고 집에 돌아간다. 회사에 머무르는 시간과 성과는 비례하지 않는다. 근무시간이 그 사람의 로열티를 증명하는 것도 아니다. 더 이상 회사의 자원을 헛되이 낭비해서도, 잘못된 조직문화를 조장해서도 안 된다. 우리는 'Hard Working'보다 'Smart Working'을 고민해야 하는 시대를 살고 있다.

3. 근속연수를 주 무기로 삼기

"예전에 이미 다 해봤어!"

이력 관리가 잘 안 되어 있는 회사일수록 근속연수가 오래된 사람이 득세한다. 과거에 사로잡혀 미래를 발목 잡히는 일이 없으려면 정보의 접근성은 시스템을 기반으로 해야 한다.

4. 일보다 외모 가꾸기

"외모도 경쟁력이라고!"

직장인으로서 자기관리는 기본이고, 외모도 경쟁력임에는 틀림없다. 하지만 뭐든지 과하면 곤란하다. 회의 중에도 거울 보느라 바쁘고, 화장실 오가느라 업무에 집중하지 못하는 모습은 누구에게도 보기 좋을 리 없다.

5. 책으로 배운 내용도 경험한 것처럼 말하기

"이건 내가 잘 알지."

아는 것과, 설명하는 것과, 실천하는 것은 차원이 다른 문제다. 경험은 실천을 통해 얻은 스킬 혹은 지혜로 단순히 지식과 정보를 아는 것과 비견될 바 아니다. 그럼에도 단순한 '앎'을 자신의 경험과 노하우라고 포장해서는 곤란하다.

6. 스파이 놀이하기

"내가 너에게만 알려주는 건데"

정보의 허브를 자처하는 사람들이 있다. 근속연수가 자신의 경쟁력이라 생각하는 사람들과 마찬가지로 이들 역시 직장 내 떠도는 정보들이 자신의 능력이라 착각한다. 그러나 정보를 캐내려 하면 할수록 정보를 얻기가 더 어려워진다는 사실은 알고 있을까?

7. 술주정 부리기

"어제 무슨 일 있었어?"

평소에는 아무 문제가 없는데, 회식 자리에서 술만 마시면 돌변하는 사람이 있다. 자신의 낮은 자존감을 음주를 통해 표출하는 것까지는 괜찮다지만 장난이라며 발길질 당하는 동료의 마음은 유쾌하지 않다.

1. 잘못된 커뮤니케이션: '등'으로 대답하기

대화의 기본은 'Eye Contact'이다. 지위의 높고 낮음, 나이가 많고 적음을 떠나 대화할 때는 상대를 향해 몸을 돌리고 눈을 맞춰야 한다. 상대가 무슨 이야기를 하건 말건 모니터만 응시한 채 자기 할 일 다해가며 대꾸하는 것은 비즈니스 매너에 어긋난다. '당신의 이야기를 잘 듣고 이해했습니다'라는 메시지는 'Eye Contact'를 통해 전달된다는 사실을 잊지 말자.

2. 책임회피: '시켜서 한 일이라서 잘 모르겠습니다'

> "진짜 노래를 잘하는 사람들은 다른 사람의 곡을 부르더라도 자기 노래처럼 들리는 사람들이다."
>
> - 박진영 / 가수 -

3인칭 관찰자 시점에서 일의 결과물을 대하는 태도는 바람직하지 않다. 시켜서 한 일이든 그렇지 않든 일단 내 손에 들어오면 내 일이다. 남의 일이라고 생각하고 준비한 보고나 기획안은 절대 쉽게 통과되지 않는다. 상사의 업무 지시에 이견이 있으면 중간보고를 통해 이를 조율하면 된다. 이 과정에서 실무자의 의견이 타당한 것으로 받아들여질 수도 있고, 판단 미스라 결론이 날 수도 있다. 최악의 경우 실무자의 의견이 타당함에도 불구하고 상사가 끝까지 자신의 의견을 고집할 수도 있다. 하지만 현실의 벽 앞에 볼멘소리만 하기보다 '이일은 왜 하는 것인지', '무엇을 어떻게 풀어가면 좋을지', '나만의 근거와 논리'를 찾아가는 도전을 해보길 권한다. 저마다 한계의 상황이 있겠지만, 내가 할 수 있는 범위 내에서 할 수 있는 만큼만 하면 된다.

3. 무쏘의 뿔처럼 혼자서 간다

"회사에서 일만 하면 되지, 또 다른 것이 필요한가요?"

행사, 회식, 교육, 동아리 활동 등 단체활동을 거부한다. 개인의 삶이 존중받아야 하는 것은 맞다. 회사에선 일을 해야 하고 또 일을 통해 성과를 내는 것이 먼저인 것도 사실이다. 그러나 성과를 내기 위해서 협업은 필수다. 현실적으로 혼자서 할 수 있는 일은 그리 많지 않다. 그러다 보니 협업하는 사람들과의 관계가 매우 큰 영향을 미친다. 근무 시간 내에 사소한 잡담이라도 직원 간 정서적인 공감과 교류 활동이 이루어지면 생산성 향상에 도움이 된다는 실험 결과[3]도 있다. 무쏘의 뿔처럼 혼자서 가려다 나 홀로 짐 싸서 집으로 가게 될지 모른다.

---

3) Benjamin N. Waber, Daniel olguin, Taemin Kim, Alex Pentland(2010), Productivity Through Coffee Breaks: Changing Social Networks by Changing Break Structure, Working papers series.
　MIT 벤자민 와버(Benjamin N.Waber)는 미국 대형 은행의 콜센터 직원들을 대상으로 한 가지 실험을 했다. 매일 일정시간 이상 직원들 간 담소를 나누도록 하고, 3개월 후 그 효과를 측정했다. 그 결과 콜 처리 속도와 직원만족도가 동시에 높아지는 것을 확인했다.

1. 업무 보고 시간을 수시로 변경하는 상사

약속은 서로가 지키는 것이다. 스케줄을 변경해야 하거나 취소해야 하는 경우에는 사전에 알려야 한다. 부하직원도 계획된 업무 일정이 있다. 부하직원을 5분 대기조로 만들지 말자.

2. 일관성 없는 상사

신뢰는 일관성에서 나온다. 시시때때로 감정 변화의 폭이 큰 사람은 상대하기 어렵다. 매번 다른 원칙과 기준으로 업무지시를 하는 상사 밑에서는 부하직원이 제대로 성장하기 어렵다.

3. 현실과 동떨어진 업무지시를 하는 상사

들어보면 다 맞는 말이다. 그렇게만 된다면 더할 나위 없이 좋을 것이다. 하지만 100만 원짜리 강의를 원한다면 100만 원을 지불해야 한다. 10만 원으로 100만 원짜리 강사를 섭외하는 것은 애초부터 불가능한 일이다. 우스갯소리로 천 원 손에 쥐여주고 '담배 한 갑, 과자 한 봉지, 음료수 사 오고 남는 것은 너 가져'라고 이야기하는 것은 군대에서만 벌어지는 일은 아닌 듯하다.

4. 착한 사람 콤플렉스에 빠져 있는 상사

싫은 소리는 하고 싶은데, 상대는 기분은 나빠하지 않기를 바란다. 하지만 인간은 단순하다. 칭찬에 대해서는 그 의도를 살피지 않고 무조건 긍정하지만, 부정적 피드백은 두고두고 곱씹는다. 상대가 상처받길 원치 않는다면 상처 주는 말을 하지 않으면 된다.

사실 위와 같이 피해야 할 이유가 명확한 사람들을 골라내는 일은 어렵지 않다. 하지만 정말 피해야 할 사람들은 따로 있다. 『워킹데드 인간관계론』의 저자 레베카 클레어는 이들을 '좀비'라 표현했다. 눈빛은 흐리고, 목표의식도 없이 그저 회사에서 어슬렁거리며 시간만 보내다 가는 사람들이다. 이들은 일과 삶의 균형이라는 변화의 흐름 속에서 교묘하게 자신들의 정체를 숨기며 살아간다. 사람을 물어뜯지는 않지만 직업인으로서의 소명의식을 물어뜯고 조직문화를 파괴하는 자들이다. 나는 생존자인가 아니면 좀비인가? 나도 모르는 사이에 이미 좀비가 되어가고 있는 것은 아닌지 돌아볼 일이다.

02

소통에 대한 오해와 진실

"소통이 지닌 유일한 큰 문제는 소통이 일어났다고 생각하는 착각이다."

- 조지 버나드 쇼 -

무엇이 문제인가

직장인들의 일과는 대략 75% 정도가 대인관계 경험으로 이루어진다고 한다. 이쯤 하면 소통이 곧 일이라고 할 수 있다. 그런데 우리는 소통을 잘하고 있을까? 사회 심리학자들에 따르면 커뮤니케이션 전달과정에서 본 의미가 소실되는 비율은 무려 40~50%에 달한다고 한다. 서로에 대한 오해와 반목이 생길 수밖에 없는 부분이다.

취업포털 사이트 〈사람인〉에서 일과 직장 내 인간관계에 대해서 설문조사를 실시했다. 그 결과 응답자의 81%가 일보다 사람이 퇴사에 더 큰 영향을 미친다고 답했다. 또한 업무에 대한 스트레스보다 인간관계에서 오는 스트레스가 더 크다고 응답했다. 실제 인간관계 문제로 퇴사나 이직을 경험한 사람이 절반이 넘었고, 업무성과에 미치는 영향도 큰 것으로 나타났다. 또한 설문 결과에 따르면 직장 상사와의 갈등이 부하직원의 갈등보다 약 4배 가까이 많았다. 갈등요인을 살펴보면, 부하직원의 경우 직장 상사의 권위적인 태도와 비합리적인 의사결정을 불만 요소로 꼽았고, 상사의 경우 부하직원의 개인주의적인 성향, 적극성 부족 등을 불만이라 꼽았다. 갈등 해결방법으로 절반 이상은 가급적 갈등상황을 피한다고 응답했다. 요약해보면 상사와 부하직원 모두 서로에 대한 이해와 갈등 해결을 위한 노력이 부족하다는 것을 알 수 있다. 몸에 난 상처를 적절한 시기에 치료하지 않으면 환부가 곪아 터지듯이 갈등 관계 역시 적절한 타이밍에 해소하지 않으면 서로의 마음에 흉터를 남기게 된다.

갈등은 인식과 요구의 차이에서 생겨난다. 나는 최선을 다했지만, 상사가 적극성이 부족하다고 피드백하는 것은 최선이라는 기준 혹은 요구 수준이 서로 다르기 때문이다. 이 차이를 줄여야 갈등 봉합이 가능하다. 그러자면 서로에 대한 이해가 필요하다. 우리는 모르는 것에 대한 두려움이 있다. 두려움을 없애기 위해서는 모르는 것을 제거해야만 한다. 그러자니 서로를 부정할 수밖에 없는 것이다.

　소통의 스킬이 본질적인 문제는 아니다. 소통에 대한 잘못된 생각이 더 큰 문제다. 불통을 경험하는 사람들의 대부분은 '내 뜻처럼 되지 않네', '왜 내 말을 들어주지 않는 거야?'라고 이야기한다. 자신의 뜻대로 상대방을 관철시키지 못했을 때 소통이 잘 이루어지지 않는다고 느끼는 것이다. 그러나 이는 올바른 소통이 아니다. 우리는 토론과 설득 그리고 소통을 혼동하는 경향이 있다. 내가 원하는 것을 상대로부터 얻어내는 것은 협상 혹은 설득이지 진정한 의미에서의 소통이라고 보기는 어렵다. 고로 무엇인가를 얻어내야만 소통이 잘 이루어졌다고 생각하는 것은 잘못되었다. 소통이 반드시 '수용'을 의미하지는 않는다. 상대를 내 기준으로 비교하고 판단하는 순간 소통은 고통이 되어버리고 만다. 그래서 소통은 상대를 있는 그대로 인정해주고 존중해주는 것에서 출발한다.

　굳이 '선의(善意)'라는 이유로 상대에게 가르침 혹은 교훈을 주고자 하는 이들이 있다. 이들이 평소 자주 하는 말은 이렇다. '개인적인 감정이 있어서가 아니라는 것만 알아줘.' 사실 개인적인 감정이 있고 없고를 떠나서 누구에게나 쓴소리는 아프다. 상대에게 조언하려거든 그전에 차분히 자신을 되돌아보자. 누구를 위한 조언인가? 혹시 상대가 내 마음에 들지 않거나, 혹은 그렇게 이야기하는 것이 나의 의무라고 착각하고 있는 것은 아닐까? 나는 그런 조언을 해줄 만한 충분히 자격이 있는 사람인가? 안타깝게도 직장 생활을 하면서 우리는 후자인 경우를 특히 직장상사 많이 경험하게 된다. 지나친 '관계에 대한 자신감' 혹은 '도덕적 우월감' 때문이다. 가족끼리 못 할 말이 없는 이유는 '내가 안전하다'라고 느끼기 때문이다. 상대가 쓴소리하더라도 그 말이 내게 상처를 주기 위한 것이 아님을 믿고 신뢰하는 것이다. 나는 동료에게 안전함을 느끼게 해주는 존재인가? 늘 되돌아보아야 한다.

03

'프로 오지라퍼'가
되지 않는 법

사회생활을 하다 보면 말 많은 훈수꾼들을 보게 된다. 소위 말해 '프로 오지라퍼'다. 이들의 주요 특징은 다음과 같다.

1. 지나치게 주관적이다

아는 것에 비해 실행 능력이 부족하고, 공과 사를 잘 구분하지 못한다. 자신을 정의롭고 합리적이라 생각하지만 늘 주관적 관점에서 상대를 재단한다는 점에서 꼰대와 유사하다. 이들은 상대를 전방위적인 관점에서 재단하곤 한다. 외모에 대한 지적은 물론 결혼, 연애, 자녀 계획 등 지나치게 사적인 질문을 한다든가 타 부서의 업무에도 불필요한 훈수를 두는 경우가 많다.

'회사 오면서 화장은 왜 안 했어?'
'옷차림이 이게 뭐야. 신경 좀 쓰지.'
'언제 결혼할 거야?'

'애는 하나 더 가져야 하는 거 아니야?'

'일은 그렇게 하는 게 아니야.'

2. 비난과 비판을 구분하지 못한다

직책 혹은 직급을 등에 업고 동료 혹은 부하직원을 대할 때 비난과 비판의 경계에서 길을 잃어버리는 경우가 많다. 그러나 비난과 비판은 다르다. 비난이란 '네가 문제야', '넌 잘못되었어', '넌 틀려 먹었어'와 같이 상대의 말과 행동이 옳지 못하다고 확정 짓는 것을 의미한다. 그렇다면 '비판'이란 무엇을 의미하는가?

유시민 작가가 방송에서 이런 말을 한 적이 있다.

"비판이란 것은 무엇이 가능하고 또 무엇이 불가능한지를 이야기하는 것이다."

같은 맥락에서 비판이란 옳고 그름에 대한 판결이 아니라 '다양한 측면에서 문제를 고찰하고 합리적 의심을 통한 문제해결 방법을 찾아내는 것'이다. 이러한 관점에서 비판은 상대에게 도움을 준다. 그러나 비난은 그렇지 않다. 비난과 부정은 상대를 옴짝달싹하지 못하게 만든다.

3. 집단으로 행동한다

프로 오지라퍼의 또 다른 특징은 자신과 비슷한 사람들과 군집하여 영향력을 발휘하고자 한다. 하지만 정의는 머릿수와 여론몰이로 결정되는 것이 아니다. '합리적 비판자'와 '프로 오지라퍼'는 분명히 다르다.

이들은 조직에 대한 불만을 적극적으로 표출하기도 한다. 그러나 조직 내 모순과 불합리성에 지나치게 집착하다 보면 조직원으로서 균형 있는 관점을 유지하기 어렵다. 비판과 비난 그리고 부정은 한 끗 차이며, 감정에 치우칠수록 그 경계가 모호해진다. 개인적인 생각과 의견을 공론화하여 공개적으로 '넌 안 돼' 혹은 '이게 정답이야'라고 주장하는 것은 피해야 한다. 내 생각과 의견이 보편타당한 사실이라는 것을 증명해야지 이를 일방적으로 강요해서는 안 된다. 나와 생각이 다름을 박멸할 것이 아니라 공존할 수 있는 방법을 찾아야 한다. 옳고 그름으로 모든 일을 멸균하려 든다면 종국에는 '나' 혼자만 남게 될 것이기 때문이다.

04

당신의 돌직구가
불편한 이유

> "만일 당신이 사람들에게 따지고 상처를 주고 반박을 한다면 때때로 승리할 수도 있다. 하지만 그것은 공허한 승리에 불과하다. 왜냐하면 당신은 결코 상대방으로부터 좋은 호의를 얻어내지 못할 것이기 때문이다."
>
> - 벤저민 프랭클린 -

당장 한 번 이기고 지는 것이 문제가 아니다. 최종 목표를 달성하는 것이 중요하다. 우리는 목표달성을 향하는 과정에서 승리 혹은 패배도 겸허히 받아들일 수 있어야 한다.

특수 공작 업무를 맡은 경찰이 있었다. 그의 주 임무는 폭력조직에 들어가 정보원 역할을 하는 것이었다. 그러나 폭력조직에 들어가기 위해서는 폭력집단의 싸움꾼 세 명을 반드시 꺾어야만 했다. 그중에는 조직의 보스도 포함되어 있었다. 그러나 특수 정보원은 각종 무술로 단련된 싸움꾼이었다. 상대가 아무리 고수라도 그의 적수가 될 수는 없었다. 그는 조직원 두 명을 가볍게 물리치고, 보스와의 대결에 나섰다. 그러나 예상과는 달리 보스에게 패하고 만다. 사실 일부러 보스에게 져준 것이었다. 그가 만일 세 명을 모두 꺾고 조직에 입성했다면 많은 이들이 그를 경계했을 것이다. 그러나 두 명의 고수를 꺾음으로써 자신의 능력을 충분히 어필함과 동시에 보스에게는 패함으로써 보스의 체면을 살릴 수 있었다. 이를 통해 그는 조직의 이인자 자리를 차지했고 동시에 보스의 신임도 얻을 수 있었다. 그의 목표는 정보원으로서의 활동이지 싸움에서 승리하는 것이 아니었다.

직장 생활도 마찬가지다. 늘 이기는 것만이 좋은 것은 아니다. 내가 이기면 누군가는 패한다. 패자를 적이 아닌 동지로 만들 수 있어야 진짜 승리다. 상사와 업무적으로 이견이 있을 때, 상사를 패배자로 만들어서는 곤란하다. 물론 무조건적인 충성과 복종은 경계해야 한다. 그래서 세 번 이내의 설득 과정은 충분히 의미가 있다. 그러나 이런 노력에도 불구하고 상사가 자신의 의견을 끝까지 관철하려 한다면 더 이상의 설득은 무의미하다. 상사가 원하는 방향과 방식대로 일을 처리하면 된다.

다만 상사를 설득하는 과정에서 우리는 한 가지 질문을 던져야 한다. '내가 이것을 포기했을 때 반대로 얻을 수 있는 것은 무엇일까?' 만일 하나를 포기하고 아홉 가지를 얻어낼 수 있다면 그 하나를 버리는 것도 좋은 방법일 수 있다. 작은 전투는 양보하고, 큰 전략에서는 승리하는 지혜를 발휘해야 한다.

야구에서 투수가 던질 수 있는 공의 종류는 무척 다양하다. 직구, 커브, 슬라이더, 포크볼 등 다양한 구질이 있다. 그런데도 돌직구만을 고집하는 것은 어리석다. 때로는 슬라이더, 포크볼 등의 배합도 필요하다. 그래야만 삼진을 잡아낼 수 있다. 투수의 목표는 아웃 카운트를 잡아내는 것이지 돌직구가 아니다. 이는 하나의 옵션일 뿐이다. 정면 승부만을 고집해서는 원하는 것을 얻기 어렵다. 때로는 포볼로 상대를 걸러낼 필요도 있다. 이는 승리라는 목적지를 향해 가는 일련의 과정일 뿐이다.

05

판단이 아닌
피드백을 해라

인간이 가장 흔하게 범하는 인지적 오류가 있다. '기본적 귀인 오류'[4]다. 타인의 잘못된 행동에 대한 원인을 그 사람의 타고난 내적 성향에서 찾는 것이다. 예를 들어, 부하직원이 30분 정도 지각을 했다고 가정해보자. '얼마나 게으르면 30분씩이나 지각을 할까'라고 생각하는 것은 전형적인 기본적 귀인 오류다. 이는 판단에 가깝다. '게으르다'라는 표현 때문이다. 집에 긴급한 사정이 있었거나 버스 혹은 지하철에 문제가 생겼을 수도 있다. 그러나 우리는 보통 외적 요인들을 잘 고려하지 않는다. 나쁜 사람이어서가 아니다. 인간은 기본적으로 불확실한 것을 참지 못한다. 외적 요인을 찾는 일은 불확실성을 확실성으로 전환하는 지난한 과정을 감수해야 한다. 이보다는 차라리 내적 요인 탓을 하는 편이 더 빠른 결론에 도달할 수 있을 것이다.

상대로부터 진정한 행동의 변화를 불러일으키고자 한다면 판단이

---

4) 관찰자가 다른 이들의 행동을 설명할 때 상황 요인들의 영향을 과소평가하고 행위자의 내적, 기질적인 요인들의 영향을 과대평가하는 경향.

아닌 올바른 피드백을 해야 한다. 그렇다면 올바른 피드백의 핵심은 무엇인가? 피드백은 반드시 그 사람의 행동 교정에 목적을 두어야 한다.

부하직원이 지각했을 때,

'매일 늦지 말고 좀 부지런하게 회사 생활합시다.' (X)
'출근은 되도록 근무시간 10분 전까지는 하도록 합시다.' (O)

보고가 늦어질 때,

'얼마나 자기 일에 집중하지 못하면 매번 납기일을 놓치는 거야?' (X)
'Outlook에 보고 일정을 예약해두고, 미완성 보고서라도 일단 납기일에 맞춰 보고하도록 합시다.' (O)

또한 주로 판단에 뒤따르는 단정적인 단어는 피하는 것이 좋다. '매번', '늘', '항상' 등과 같은 단정적인 단어들은 상대로 하여금 무력감을 느끼도록 한다. 개인의 성품이나 성격과 같은 내적 요인에 대한 지적으로 감정적인 소실을 경험한 사람에게 행동 변화를 기대하기란 어려운 일이다. 상대에게 선한 영향력을 미치길 원한다면 판단하지 말고 피드백해야 한다.

06

부정적 피드백이
필요한 이유

'칭찬은 고래도 춤추게 한다'는 말이 있다. 긍정적 피드백이 주는 효과가 그만큼 크다는 의미다. 그런데 칭찬이 칭찬에만 그치지 않고 한 사람의 경력개발과 성장에 도움을 주기 위해서는 '부정적 피드백'이 반드시 함께 뒤따라야 한다.

'로사다_rosada & 가트만_Gottman'에 의하면 성과를 잘 내는 조직의 긍정과 부정의 비율은 3:1, 가정에서 좋은 관계를 유지하기 위한 긍정과 부정의 비율은 5:1 정도가 이상적이라고 했다. 이와 같이 긍정적 피드백이 특정 행동의 동력원으로 작용한다면 부정적 피드백은 방향타와 같은 역할을 한다. 동력원이 부족하거나 방향타가 제대로 기능하지 못하면 앞으로 나아갈 수 없다. 그래서 긍정과 부정 어느 것이 더 중요하다기보다 둘 사이의 균형점을 찾는 것이 중요하다.

긍정적 피드백이라 할 수 있는 칭찬은 '쾌락의 불균형'[5)]과 같이 지속성이 떨어진다. 누군가로부터 칭찬을 받은 기억은 있는데 막상 그

---

5) 동일한 강도의 자극에 대해 긍정적 정서보다 부정적 정서가 더 오래도록 마음속에 남는 현상.

칭찬 내용이 무엇이었느냐고 물으면 구체적으로 기억해내지 못하는 이유는 이 때문이다. 이는 인간의 생존과도 밀접한 관련이 있다. 긍정적 정서에 취해 있으면 외부 위협으로부터 나를 지키기 어렵기 때문이다. 반면 부정적 피드백은 물론 개인차가 있겠지만 몇 주 혹은 몇 달이 지나도 쉽게 잊히지 않는다. '자다가도 이불킥'한다는 말이 괜히 있는 것이 아니다. 이처럼 부정적 피드백은 순간 인지능력을 강화하여 기억력과 비판적 사고를 강화하는 '순향증강_Proactive Enhancement' 효과가 있다. 이 과정에서 합리적 자기비판과 자아 성찰이 이루어진다면 부정적 피드백은 충분히 의미가 있다. 착한 리더 혹은 선배가 되고자 부정적 피드백을 두려워해서는 안 된다. 정말 좋은 선배는 후배를 위한 부정적 피드백을 두려워하지 않는다.

1. 비교하지 않는다

'우리 때는 말이야', '김 대리 하는 것 좀 봐라', '어느 회사에서 이렇게 일을 해'

피드백을 할 때, 본인의 과거 경험을 이야기하거나 동료 혹은 타 회사를 기준점으로 삼지 않는다.

2. 감정에 치우치지 않는다

'이 정도면 많이 참은 거야', '얼마나 더 이해를 해줘야 하는 거야'

개인의 감정을 드러내는 순간 상대의 마음 문은 굳게 닫힌다.
그 이후에는 어떤 말을 해도 상대방은 듣지 않는다. 잔소리로 들릴 뿐이다.

3. 사실만을 말한다

'어제 또 늦게까지 축구 보느라 지각했구먼'

추측성 발언은 삼간다. 지각한 것은 사실이지만 늦게까지 축구를 봤다는 것은 추측일 뿐이다. '오늘 10분 지각했는데 무슨 일 있었나?'로 바꾸어 말한다.

4. 칭찬보다 부정적 피드백이 먼저다

칭찬 이후에 부정적 피드백을 하게 되면 새로운 정보가 이전의 학습한 정보를 장기기억으로 넘어가지 못하도록 방해하는 '역행 간섭_retroactive interference'이 일어난다. 이로 인해 칭찬 내용은 쉽게 잊는다. 반대로 칭찬 이전의 부정적 피드백은 순향증강 효과로 더 오래 기억에 남는다. 그래서 가급적 부정적 피드백 이후에 칭찬하는 것이 도움이 된다.[6]

---

6) 〈관계의 본심〉, 클리포드 나스, 코리아 엔, 푸른숲, 2011 참조.

07

개떡같이 말하는 상사,
찰떡같이 알아듣는 부하

이율배반적 업무지시를 받았을 때

이른 아침 출근길이었다. 차 한잔하러 커피숍에 들렀는데 앞선 사람이 들도 보도 못한 주문을 했다. "따뜻한 아이스 아메리카노 한 잔이요!" 그런데 재밌는 건 주문받은 사람이나 주문한 사람이나 이를 아무도 이상하게 생각하지 않았다는 것이다. 과연 어떤 음료가 나왔을까? 너무 궁금해서 음료가 나올 때까지 기다려보았다. 결과는 '아이스 아메리카노'였다. 주문자는 만족스러운 표정으로 군말 없이 커피를 들고 나갔다. 개떡같이 말해도 찰떡같이 알아들은 커피숍 직원이야말로 진정한 생활의 달인이자 도인이 아닌가 싶었다. 고객의 'Needs'를 재해석하여 'Wants'로 승화시키는 탁월한 능력을 갖춘 그를 보니 문득 이런 생각이 들었다. '돌이켜보면 직장 내에서도 비슷한 일이 벌어지고 있는 것은 아닌가?' 예를 들면 이렇다. '스카이 출신의 경험이 풍부하고 애사심 있는 지원자를 우리 회사 연봉에 맞게 데리고 와

봐', '싸고 강의 잘하는 강사 섭외 좀 해봐.' 당신이라면 어떻게 답변할 수 있을까? 애당초 따뜻한 아이스 아메리카노라는 것은 존재하지 않는다. 만일 우리가 고객의 오더를 재확인할 수 없는 상황이라고 가정한다면 결국 선택지는 따뜻한 아메리카노 혹은 아이스 아메리카노 양자택일뿐이다. 그런데 이 선택의 순간이 직장 생활의 고수와 하수를 판가름하는 중요한 '때'이다. 강사료 단가가 낮으면서 높은 수준의 강의력을 보유한 강사를 섭외하면 그보다 좋은 일은 없다. 그러나 두 가지 조건을 동시에 충족시키지 못하는 경우 강사료와 강의력 둘 중에 어떤 것을 선택해야 할까? 강사료 단가가 낮은 강사를 섭외해도 큰 문제가 없는 때가 있고, 높은 단가의 강사료를 지불하더라도 강의의 질이 확실한 강사를 섭외해야 되는 때가 있다.

이 '때'를 잘 분별하는 사람이 인정받는다. 소위 말해 센스가 있다고 평가받는 사람들은 때에 맞는 선택을 잘한다. 다양한 경로를 통해 수집한 정보를 종합적으로 분석하여 결과를 내는 능력을 갖추고 있기 때문일 것이다. 커피숍 아르바이트 직원도 그간의 경험에 비추어 날씨, 상대의 표정, 동행한 사람들의 주문 내용, 주문 시 강조했던 단어 등의 정보를 재가공하여 최선의 판단을 하였을 것이다. 조직 내에서 벌어지는 다양한 선택 상황들도 마찬가지다. 조직 내외부적인 이슈, 내부고객의 니즈 등을 종합적으로 고려하여 상황에 따라 최선의 의사결정을 내려야 한다. 우리의 직장 상사는 늘 개떡같이 이야기할 확률이 높다. 그러나 상대가 개떡같이 말한다고 해서 우리도 개떡같이 대답해서는 안 된다. 찰떡같이 이야기할 수 있는 확률을 높여야 한다. 그것이 조직에서 살아남는 비결이자 롱런할 수 있는 길이다.

상사: "언제쯤 보고할 수 있나요? 저는 지금 시간 괜찮은데요."
부하직원: "아직 정리 중이라서 시간이 더 필요합니다."
상사: "일단 지금까지 정리된 내용만이라도 괜찮습니다."
부하직원: "그렇다면 지금 보고 드리겠습니다."

잠시 후,

상사: "내용도 충분히 숙지하지 못한 상태에서 이렇게 무책임하게 보고하면
되나요? 지난번에 충분히 설명한 것 같은데, 왜 지시한 내용이랑 다른
결과물을 가져온 거죠?"
부하직원: ……

직장 상사가 외장 하드 수준의 기억력을 보유하고 있다면 좋겠지만 현실은 그렇지 못하다. 말해놓고 기억 못 하는 것들, 말하지도 않고 기억하길 바라는 것들도 꽤 있다. 억울하겠지만 시시비비를 따져 보아야 나만 손해. 당장 불같이 화가 난 상사 앞에서는 옳은 말보다는 상사가 옳다고 믿는 말에 손을 들어주는 편이 낫다. 꼭 해야 할 말이라면 상황이 정리된 후에 이야기해도 늦지 않다. 대부분 당신의 말에 귀 기울여줄 것이다. 만일 상황이 정리된 이후에도 불같이 화를 낼 직장 상사라면 조용히 부서이동 혹은 다른 직장을 알아보아야 하지 않을까? 반복해서 이야기하지만, 인간관계는 '옳고 그름'의 잣대보다 '좋은가 나쁜가'라는 상대의 감정에 의해 더 큰 영향을 받는다. 이는 상대가 누구라도 마찬가지다.

1. 상사의 권위를 인정한다

- 직장인의 행복은 8할이 상사에게 달려 있다.
  상사의 '역린'(약점)은 어떤 경우에도 자극하지 않는다.

2. 상사의 리더십 스타일을 파악한다

- 상사의 일하는 방식을 이해하고 존중한다.
  추구하는 가치, 중요하게 생각하는 일,
  업무처리 프로세스, 커뮤니케이션 방식 등을 파악한다.

3. 상사의 상사를 관리한다

- '나의 자리를 지켜주는 사람은 나의 상사가 아니라 상사의 상사'라는 사실을 잊지 않는다.

4. 상사 험담은 하지 않는다

- 칭찬보다 험담의 파급효과가 훨씬 크다.
  험담은 돌고 돌아 결국 주인공에게 돌아가게 되어 있다.

5. 상사를 칭찬한다

- 관리자들은 칭찬받을 기회가 적다.
  불평, 불만을 이야기하는 사람들은 많지만 칭찬하는 사람은 드물다.

08

상대를 내 뜻대로
움직이는 방법

A 건설사 해외 사업장에서 안전사고가 발생했다. 다행히 회사에서 들어둔 보험이 있었지만, 웬일인지 보험사에서는 보상금 지급을 거절했다. 보상금 지급 사유에 해당하지 않는다고 했다.

A 건설사는 인사 부서의 C 과장에게 이 문제를 해결하라고 지시했다. 지시를 받은 C 과장은 깊은 고민에 빠졌다. 보험약관을 꼼꼼하게 살펴보았지만 보험사의 주장을 반박할 만한 근거를 찾지 못했기 때문이다. C 과장은 포기하지 않고, 며칠 밤을 고민한 끝에 한 가지 방법을 생각해냈다. 그리고는 B 보험사 담당자와의 미팅 일정을 잡았다. 보험사 담당자가 지급 불가 사유에 대해서 한참을 설명하는 동안에도 전혀 미동이 없던 C 과장은 설명이 끝나자 조용히 자리에서 일어섰다. 그리고는 밖으로 나가버렸다. C 과장의 행동에 당황한 보험사 담당자는 C 과장을 다급히 붙잡았다.

보험사 담당자: "과장님 왜 아무런 말씀도 없이 그렇게 나가세요? 무슨 말
이라도 하셔야죠!"

C 과장: "제가 보상금 지급해달라고 하면 해주실 건가요?"

보험사 담당자: "아… 아니요… 그렇지는 않죠."

C 과장: "그런데 제가 무슨 말씀을 드려요."

보험사 담당자: "이렇게 그냥 가셔도 문제가 없으신가 해서요… 어떻게 하
시려고 그러세요?"

그러자 C 과장은 다음과 같이 이야기한다.

C 과장: "사실 지금 제가 갈 곳이 있습니다. 오늘 업계 담당자들 미팅 일정
을 잡아두었거든요. 가서 오늘 설명해주신 내용을 그대로 전달하려
고 해요. 중요한 정보니, 공유를 해야죠. B 보험사가 어떤 상황에서
보상금을 지급하지 않는지 설명해주려고 합니다."

그제야 발등에 불이 떨어진 보험사 직원이 C 과장을 붙잡고 애원
한다.

보험사 담당자: "잠깐만요, 과장님! 잠시만 기다려보세요. 일단 여기 앉아서
잠깐만 이야기하시죠."

비록 C 과장은 보험사로부터 전액을 보상받지는 못했지만, 절반 이
상의 보상금을 챙길 수 있었다. 어떻게 가능했을까? C 과장은 B 보험
사를 상대로 다음과 같은 두 가지 협상 전략을 세웠다.

1. 나의 요구(Needs)보다 상대의 욕구(Wants)를 먼저 살핀다

내가 원하는 것을 백 번, 천 번 이야기해도 그것이 상대의 이익에 반하는 일이라면 이를 들어줄 리가 없다. 내가 원하는 것이 곧 상대도 바라는 것이거나 또는 상대가 피하고 싶은 일이어야 협상이 이루어진다.

2. 싸움의 판을 키운다

C 과장은 'A 건설사 VS B 보험사'가 아닌 '건설업계 VS B 보험사'의 싸움으로 판을 키웠다. 일종의 '호가호위(狐假虎威)'[7] 전략이라고도 볼 수 있는 이 방법은 정확하게 적중하였다. 건설업계라는 호랑이의 위세를 끌어들이기 이전까지 보험사는 한 회사와의 관계를 저버리더라도 보상금을 지급하지 않아 얻는 이득이 더 크다고 판단했을 것이다. 그러나 업계를 대표하는 싸움으로 판이 커지면 이야기는 달라진다.

상사 혹은 동료로부터 내가 원하는 것을 얻기 위해서는 그들이 원하는 것은 무엇인지 나는 그들에게 어떤 가치를 제공할 수 있는지를 먼저 고민해보아야 한다. 그리고 필요하다면 상사의 상사로부터 도움을 이끌어낼 줄도 알아야 한다.

---

7) '여우가 호랑이의 위세(威勢)를 빌려 호기(豪氣)를 부린다'라는 뜻으로, 남의 세력(勢力)을 빌려 위세(威勢)를 부림.

09

정치지능을 높이고 싶다면

정치란 무엇인가

원래 정치란 개인의 목표, 취향, 관심사, 성향 등이 서로 다를 경우에 발생하게 되는 자연스러운 현상이다. 회사는 저마다 이해관계가 다른 집단이 모여 있는 곳이기 때문에 늘 정치적인 거래가 이루어질 수밖에 없다. 이들은 자신들의 집단이 추구하는 이익을 극대화하기 위해 다양한 정치적 거래 활동을 한다. 사실 정치적인 거래는 그 자체로 좋다 나쁘다를 말하기 어렵다. 다만 개인이 아닌 집단을 이룰 때 정치적인 선택의 결과가 윤리 도덕적인 측면에서 논란이 되는 경우가 있다. 조직 내에서 학벌, 인맥, 출신 지역 등에 따라 사내 정치가 활개를 치는 경우가 그렇다.

정치를 잘한다는 말의 의미

미국 기업과 정부 조직에 몸담은 적이 있는 직원들을 대상으로 '정치적으로 유능한 사람들이 잘하는 일은 무엇인가?'라는 질문을 했다. 이들은 다음과 같이 답했다(머리매킨타이어, 2017).

- 자신의 기획안이 먼저 다뤄지게 한다.
- 빨리 승진한다.
- 더 많은 인정을 받는다.
- 성과를 달성한다.
- 정상적인 절차를 무시한다.
- 중요 인사들과 골프를 친다.
- 다른 사람들이 자기 일을 대신 하도록 만든다.
- 변화에도 살아남는다.
- 자신의 의견을 따르게 만든다.

위의 결과를 종합해보면 정치를 잘한다는 것은 '어떻게 하면 내가 원하는 것을 얻을 수 있는지'를 잘 아는 것이라 하겠다. 그런 의미에서 정치력의 핵심은 협상력이라고도 볼 수 있다. 그런데 협상 테이블에서 유리한 위치를 선점하기 위해서는 상대보다 더 많은 정보를 알아야 한다. 그렇기에 조직 내에서의 정치력은 정보의 통제력의 크기, 정보의 허브와의 거리에 달려 있다. 실제로 스탠퍼드 경영대 교수 제프리 페퍼_Jeffrey Pfeffer는 『권력의 기술』에서 권력을 유지하기 위해서는 정보의 흐름에 대한 통제력과 권력의 중심부를 선점해야 한다고 말한다.

대부분 정치력은 직장 생활을 하면서 자연스럽게 체득한다. 그러나 사람에 따라서는 별도의 노력이 필요한 경우도 있다. 사내 정치력을 키우기 위해서는 먼저 다음과 같은 기초체력이 필요하다. 정치 활동이 벌어지는 회사가 어떻게 작동하는지 이해해야 한다.

1. '종업원 주권주의'는 허상에 가깝다

조직 내 주요 의사결정은 일부 매니지먼트에 의해서 제한적으로 이루어진다. 우리는 그 의사결정에 대해 합리적인 이유와 근거들을 제시하고 그 의사결정이 틀리지 않았음을 증명하는 역할을 한다. 마치 뇌의 변연계[8]에서(오너 또는 경영진) 직관적 판단을 내리고 대뇌피질[9]에서 합리적 혹은 이성적 판단의 근거를 만들어내는 것(조직원)처럼 말이다.

2. 회사는 절대 공평하지 않다

인간이 집단을 이룬 모든 조직의 공통적인 특징은 갈등과 모순(혹은 오류)이 있다는 점이다. 스포츠 경기에서도 심판들의 오심은 적지 않다. 하지만 오심도 경기의 일부다. 이를 인정하지 않는다고 경기 결과가 바뀌지는 않는다.

---

8) 동기와 정서를 주로 담당한다고 여겨지는 여러 구조물들을 가리키는 용어로서, 학자에 따라 조금씩 다르지만 대개 변연 피질과 해마, 편도체, 중격 등이 포함된다.
9) 대뇌에서 가장 겉에 위치하는 신경세포들의 집합으로 고차원적 기능을 수행한다.

3. 겸손은 필수다

직급과 직책을 믿고 경거망동하지 않아야 한다. 조직에서 한창 인정받던 임원이 있었다. 모두가 조직의 실세인 그에게 줄을 대기 위해 애를 썼다. 그러나 그의 좋은 시절(?)은 오래가지 않았다. 오너 경영진이 참석한 회식 자리에서 해당 임원은 술기운과 흥에 취해 수시로 오너의 말을 자르고 자기 말만 하기 시작했다. 살얼음판을 걷는 듯한 회식은 얼마 지나지 않아 마무리되었지만 해당 임원은 그로부터 얼마 되지 않아 소리 소문 없이 사라졌다.

정치 활동 유형은 개인의 이익과 조직의 이익 추구를 기준으로 크게 4가지로 구분된다.

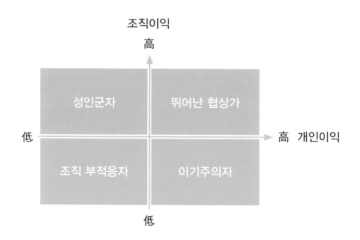

1. 뛰어난 협상가

개인의 이익과 조직의 이익에 동시에 기여한다. 이들은 본인의 업무영역 확장에 관심이 있으며, 동료들에게 도움을 줄 수 있는 기회를 찾는다. 부서원들의 경력개발에 관심이 있으며 기꺼이 이를 돕는다. 동료들의 신뢰와 믿음을 바탕으로 주요 요직을 두루 경험하며 경영자로서 성장해간다.

2. 성인군자

주로 조직의 이익을 위해서 자신을 희생하는 유형이다. 본인의 역량을 벗어나는 업무를 떠맡기도 하고, 상사의 부당한 요구에도 별다른 항의를 하지 못하는 경우가 많다. 조직의 성과에는 기여하지만 정작 자신은 돌보지 못하고 에너지를 고갈시키는 유형이다. 결국 조직에서 충분한 인정과 보상을 받지 못했음을 깨닫고 이기주의자 혹은 조직 부적응자로 변화할 가능성이 높다. 회사에 기여한 바가 적지 않음에도 자신의 희생과 타인의 것을 비교하고 자신의 기준에 못 미치는 사람들을 비난하여 그 공로를 잃어버리는 경우도 있다.

3. 이기주의자

오롯이 개인의 이익만을 추구한다. 고위 직급에 있는 사람들과의 네트워킹을 이용하여 사익을 추구하거나 직위와 직책을 악용하여 회사의 공금을 착복하는 등의 비윤리적 행동을 하는 경우가 있다. 되도록 이들과 엮이지 않는 것이 좋다.

4. 조직 부적응자

누워서 침 뱉는 유형이다. 자신의 그릇된 행동이 경력에 얼마나 해가 되는지 깨닫지 못한다. 의견이 대립하는 상황에서 상대를 설득하려는 노력보다는 윽박지르거나 화를 내곤 한다. 고급관리자의 경우 낙하산인 경우가 많다. 자신의 권력을 믿고 부적절한 언행으로 쫓겨나듯이 회사를 떠나는 경우가 종종 있다.

10

위로(慰勞)를 기회로 만들기

험담하는 직원 위로하는 법

훈련소 시설엔 몰랐다. 그때가 몸은 힘들지만, 마음은 가장 편하다는 것을…. 자대 배치를 받은 이후에야 비로소 진짜 군대 생활은 시작된다. 직장 생활도 마찬가지다. 취업 관문을 뚫기 위해 험난한 여정과 인고의 시간을 보냈지만 사실 진짜 힘든 순간은 취업 이후에 찾아온다. 그리고 대부분은 인간관계에서 오는 갈등에서 비롯된다.

직장 생활을 하면서 다른 사람의 험담을 하거나 반대로 다른 사람의 험담을 들어야 하는 일이 종종 발생한다. 이때 험담하는 사람을 잘 다독이고 위로할 줄 알아야 한다. 위로를 잘하면 상대를 내 편으로 만들 수 있지만 그렇지 못하면 나머지 모두를 적으로 만들 수도 있다.

세상에 비밀은 없다. 한번 내뱉은 말은 어떤 경로를 통해서든 당사자의 귀에 들어가게 되어 있다. 홧김에 내뱉은 말이 잠시 마음에 안정과 평화를 가져다줄 수 있을지는 몰라도 길게 보면 한참 마이너스다. 『빨리 철들자』의 작가 장 샤오훙은 '오늘 타인에게 준 상처는 마치 못을 나무판 위에 박는 일과도 같다'라고 했다. 못을 다시 뺀다고 해도 그 흔적은 결코 지울 수 없다.

그래서 가급적 험담은 하지 않는 것이 좋다. 그리고 다른 사람의 험담에 동참해서도 안 된다. 가장 좋은 방법은 험담하는 자리를 피하는 것이다. 그러나 현실적으로 왕따를 자처하지 않는 한 이런 상황을 피하기 쉽지 않다. 그렇다면 어떻게 대처하면 좋을까? 한 가지만 기억하면 된다. 험담을 늘어놓는 동료와 험담의 주인공(?)에 대한 나의 가치 판단을 피하는 것이다. 쉽게 말하면 험담을 늘어놓는 동료에 대해 지적질을 하거나 혹은 동료의 험담에 숟가락을 얹지 말라는 소리다. 전자의 경우는 흔하지 않으므로 후자의 경우만 놓고 보자.

"그런 일이 있었어? 그 사람 참 나쁜 사람이네."

나는 상대의 마음을 위로하기 위해서 한 말이었겠지만 결국엔 부메랑처럼 돌아오게 되어 있다.

"나만 이렇게 생각하고 있는 것이 아니야. 그 친구도 그렇게 생각하더라니까?"

내 뜻과는 관계없이 여기저기에서 내가 내뱉은 말이 확대 재생산될 수 있음을 기억해야 한다.

『불쾌한 사람들과 인간답게 일하는 법』의 저자 니시다 마사키는 사람들이 험담하는 이유를 '응석'과 '낮은 자존감' 때문이라고 했다. 이들은 강한 고독을 동경하는 듯이 보이지만 결국 그 누구보다도 타인과의 결합을 원하는 모순된 충동 속에 있다고 했다. 상대로부터 호감을 얻어내지 못하거나, 상대가 자신을 무시하는 듯한 느낌을 받았을 때 이러한 모순된 충동이 험담을 통해 표출되는 것이다. 이렇듯 응석과 낮은 자존감으로 똘똘 뭉친 이들을 대할 때는 절대로 상대에게 휩쓸려서는 안 된다.

"그런 일이 있어서 네가 아주 속상하겠구나?"

위와 같이 상대에게 관심을 표하되, '동의' 혹은 '인정'이 아닌 '공감'을 표현하면 된다. 굳이 상대의 험담에 동참하여 나도 잘 모르는 제삼자를 의도치 않게 깎아내릴 필요는 없다.

관계란 것은 서로에게 긍정적인 영향을 미칠 때 건강하게 유지될 수 있다. 어느 한쪽만 만족스러운 관계는 오래갈 수 없다. 만일 당신이 위와 같이 위로를 했음에도 불구하고 험담에 동조해주지 않는 것에 대해 불만을 표시한다면 과감하게 관계를 끊으면 된다. 그것이 서로에게 유익하다.

인생을 살다 보면 모진 시련과 좌절 가운데서 절망에 빠진 사람들을 마주하게 된다. 이때 우리가 할 수 있는 일은 '위로'를 전하는 것이다. 인간관계를 돈독하게 하는 다양한 방법들이 있지만, 위로의 순간에 함께하는 것만큼 강력하고 효과적인 방법은 없다. 의도와 목적을 가지고 위로를 하라는 의미는 아니지만, 누군가를 가까이 두고 싶다면 반드시 위로의 순간을 잘 활용해야 한다. 그리고 제대로 된 위로를 해야 한다.

위로(慰勞)의 사전적 의미는 '따뜻한 말이나 행동으로 괴로움을 덜어주거나 슬픔을 달래주는 것'이다. 우리는 슬픔에 빠진 사람들에게 따뜻한 말, 가벼운 포옹, 기도, 편지, 때로는 기부 등을 통해 다양한 방법으로 위로의 뜻을 전한다. 하지만 위로에 대해서 우리가 간과하고 있는 사실이 한 가지 있다. 위로는 '기다림'을 필요로 한다는 것이다.

갑작스러운 어머니의 부고로 A 대리는 크게 상심하였다. 평소 홀어머니를 모시고 살던 A 대리에게 어머니는 그의 인생의 전부였기 때문이다. 정신없이 상을 치르고 회사에 복귀한 A 대리는 쉽게 현실로 돌아오지 못했다. 업무 실수가 잦았고, 갑작스런 휴가로 팀 동료들이 그의 업무를 대신 해야 하는 일이 많아졌다. 어느 날 팀 회식 자리였다. A 대리는 몸을 가누지 못할 정도로 취해 있었고 여느 때처럼 막내 직원은 A 대리를 챙기고 있었다. 이를 본 B 과장은 잔뜩 화가 난 목소리로 A 대리를 나무라며 말했다.

"당신만 부모 잃고 힘들어? 세상에 부모 잃고도 회사 열심히 잘 다니는 사람이 얼마나 많은데, 언제까지 그렇게 개인적인 일로 직장동료들에게 피해줄래?", "인제 그만 정신 좀 차려."

술김에 한 이야기였지만 A 대리는 크게 충격을 받았다. 그리고 얼마 후 A 대리는 사직서를 제출하고 회사에 나오지 않았다.

사람마다 슬픔을 견뎌내는 힘은 모두 다르다. 우리는 동료의 슬픔을 언제까지 함께할 수 있을까? 또 얼마 동안 함께해야 하는 것일까?

오래전 온누리 교회의 하용조 목사님께서 소천하실 때의 일이다. 마침 일요일 오후 예배 시간의 주제가 '위로'였다. 정확하지는 않지만, 목사님께서는 대략 다음과 같은 취지의 말씀을 하셨다.

> "유가족들이 겪는 아픔은 말로 표현 못 할 만큼 고통스러울 것입니다. 우리는 그들을 충분히 위로해주어야 합니다. 혹자는 '언제까지 주저앉아만 있을 것인가?'라고 반문하겠지만 우리는 계속 그 아픔을 보듬어주어야 합니다. 유가족들이 아픔을 딛고 일어설 수 있을 때, 그때가 우리의 위로를 멈출 때입니다."

우리는 종종 '산 사람은 살아야지, 언제까지 주저앉아 있을 거야', '이제 그만 훌훌 털고 일어서야지', '힘들어도 견뎌내야지' 등의 말로 상대를 위로하려 한다. 하지만 진정한 위로는 그저 아무 말 없이 곁에 있어 주는 것이다. 무엇보다 위로를 멈추지 않는 것이다. 우리는 슬픔의 유효기간을 정해주는 사람이 아니다. 아픔을 극복하고 일어설 수 있을 때까지 기다려 줄 뿐이다. 그런 의미에서 '위로'는 '용서'와 비슷한 부분이 있다. 위로도 용서도 이해 당사자가 결국 마침표를 찍어야 하기 때문이다.

우리에겐 그들의 아픔과 상처의 끝을 이야기할 자격이 없다. 충분히 아파하고 충분히 슬퍼할 수 있는 시간을 주어야 한다. '언제까지 이럴 거야'라는 말 대신 '언제라도 내가 옆에 있어 줄게'라고 이야기할 수 있다면 그것이 우리가 할 수 있는 최선의 위로일 것이다.

혹시 주변에 힘든 일을 겪고 있는 동료가 있다면 가만히 옆에서 그 아픔을 지켜봐 주고 상처가 치유될 때까지 기다려주는 건 어떨까? 공과 사는 구분해야겠지만 일도 사람이 하는 것이다.

PART
03

경력개발에 대한
고민이 들 때

01

조직은 어떤 사람을
뽑아야 하는가

'인사(人事)가 만사(萬事)'라고 했다. 사람을 뽑는 일이 그만큼 중요하다는 의미다. 동시에 적당한 사람을 찾기가 쉽지 않다는 의미도 된다. 사람은 잘 뽑아야 한다. 일단 뽑으면 되돌리기 어렵기 때문이다. 물론 채용의 불완전함은 육성으로 어느 정도 커버가 가능하다. 그러나 육성은 조직 적합성을 높이기 위한 마법 지팡이가 아니다. 사과 열매가 맺기를 원한다면 감나무가 아닌 사과나무를 심는 것이 맞다. 감나무를 심어놓고 사과 열매가 맺기를 바라서는 안 된다. 어디까지나 육성보다 채용이 먼저다.

어떻게 하면 조직에 적합한 사람을 뽑을 수 있을까? 어떤 사람이 인재일까? 태도와 품성이 좋은 사람? 전문지식과 인문학적 소양이 풍부한 사람? 그것도 아니면 네트워킹 능력이 뛰어난 사람? 반은 맞고 또 반은 틀리다. 이는 회사마다 필요로 하는 인재의 기준이 다르기 때문이다.

능력 있는 사람과 적합한 사람은 다르다. 적합한 사람이란 회사의

성장과 발전에 기여하는 핵심역량을 보유하고 있는 사람을 의미한
다. 기업마다 비즈니스 환경, 조직문화, 핵심가치 등이 다르기 때문에
인재의 정의와 기준 역시 그에 따라 달라질 수밖에 없다. 그러나 사
람을 뽑을 때 공통으로 지켜야 할 몇 가지 원칙들은 있다. 개인적으
로 이를 마트에서 전자제품을 고르는 일에 비유해보고자 한다.

1. 현재 내가 보유하고 있지 않은 제품을 구매한다

기존 제품이 고장 났거나, 못 쓰게 된 것이 아니고서야 굳이 동일한
혹은 유사한 물건을 재구매할 이유는 없다. 제습기를 구매하려 한다
면, 집에 제습 기능을 가지고 있는 가전제품이 있는지부터 확인해야
한다. 사람도 마찬가지다.

2. 구매를 했으면 잘 써야 한다

사두고 안 쓰면 녹슬거나 새로운 제품에 밀려 결국엔 폐기 처분된
다. 사용빈도 혹은 기능에 관계없이 버리지 않을 요량이면 일단 써야
한다. 잘 쓰지 않으면 돈도 사람도 잃게 된다.

3. 기능이 많은 것에 현혹되지 않는다

옵션이 많을수록 몸값은 높아진다. 하지만 잘 생각해보라. 내게 이
모든 기능이 다 필요할까? 굳이 필요하지 않은 옵션을 비싼 값을 주
고 구매할 필요는 없다. 내게 필요한 기능만 있는 제품을 합리적인
가격에 구매하는 것이 옳다. 모든 것을 다 잘할 수 있다는 말은 뒤집
어보면 무엇 하나 특별한 것이 없다는 의미도 된다. 조직은 협업을
통해 성과를 낸다. 만능 일꾼들의 조합보다 서로 각기 다른 분야의
스페셜리스트가 만났을 때 시너지가 생긴다. 따라서 스펙이 많은 것

에 현혹되지 말고 필요한 스펙이 제 기능을 하는지 점검해야 한다.

4. 중고 제품을 구매할 때는 반드시 제품 이력을 확인한다

누가 어디서 어떻게 썼는지 왜 판매를 하는 것인지 확인해야 한다. 오래전 작업용으로 중고 모니터를 구매했었다. 특별한 문제는 없을 것이라고 생각했던 모니터가 화면 밝기 조정이 잘 안 되어 결국 폐기 처분했다. 알고 보니 연식은 오래되지 않았으나 연식 대비 사용 시간이 길었다. 겉모습만 보고 잘못된 판단을 내린 것이다.

'인사(人事)는 역시 만사(萬事)'다. 인사전문가를 뽑는데 마케팅 자격증을 요구하거나 채용담당자를 선발하는데 노무사 자격증을 요구하는 것은 적절하지 않다. 유능한 인재보다 적합한 인재를 뽑는 것이 중요하다. 반대로 개인은 전방위적으로 능력 있는 사람이 되기보다는 소속 기업에 필요한 역량을 갖춘 인재가 되도록 노력해야 할 것이다.

02

공부머리와 일머리는
어떻게 다른가

인사부서에서 오랜 시간 일해 오면서 느낀 점이 있다. '학력과 업무 능력은 비례하지 않는다'는 사실이다. 구체적인 통계자료를 바탕으로 내린 결론은 아니므로, 정답이라고 확신할 수는 없다. 다만 그러할 것이라고 추측할 뿐이다. 물론 비슷한 연구 결과는 있다. 1998년에 미시간주립대 교수가 '인사 심리학의 선발 방식에 따른 타당성과 유용성'에서 고등교육을 받은 사람이라고 일을 더 잘한다는 보장은 없다는 연구 결과를 발표했다.[1]

사실 한국에서 블라인드 채용을 진행하는 것은 어려운 일이다. 직무에 대한 구체적인 기술과 역할에 대한 기대가 명확하지 않은 경우가 많기 때문이다. 그런데도 여전히 많은 기업들은 학력을 우선으로 채용한다. 이는 그들의 '학습능력' 때문이다. 다른 것은 차치하고서라도 그들이 보유한 학습능력만큼은 충분히 긍정적이고 매력적인 요소

---

1) 관련기사 〈블라인드 채용〉 "학벌 좋은 사람이 일 잘할 확률은 20% 미만", 박선영 기자, 한국 일보, 2017.8.12.

이기 때문이다. 그러나 학습능력만으로 일을 잘하고 못하고를 판단하기에는 무리가 있다.

일을 잘하기 위해서는 크게 다음과 같은 네 가지 기본 요소가 필요하다.

1. 방향성

일을 통해 성과를 내기 위해서는 최종 의사결정권자가 기대하는 일의 결과물에 대해서 잘 이해하고 있어야 한다. 아무리 좋은 의견과 아이디어를 제시한다고 하더라도 의사결정권자가 의도한 바와 다르다면 성과로 인정받을 수 없다.

2. 신속성

직장 생활을 하다 보면 갑작스럽게 하달되는 일들이 많다. 애초부터 정해진 과업과 스케줄에 따라서만 일을 할 수 있다면 그보다 좋은 일은 없겠지만 현실은 예상치 못했던 일들의 연속이다. 이때 가장 중요한 것은 일의 정확도보다는 신속성이다.

3. 디테일

모든 업무의 기본은 디테일이다. 창의적 사고도 기본적으로 다양한 지식과 경험이 뒷받침되어야 가능한 것이다. 마찬가지로 업무에 있어 융통성이라고 하는 부분도 전체 업무를 온전히 내 손에 쥐고 있을 때나 가능하다.

4. 지속성

거절에 익숙해져야 한다. 영업직원들은 고객들로부터 거절을 당하고 사무직원들은 어렵게 만든 보고서와 기획안을 상사로부터 거절당한다. 하지만 이는 자연스러운 일이다. 내가 제안한 모든 일이 업무에 즉시 적용될 수 있을 거라 믿는 것은 순진한 생각이다. 거절당하고 또 선택을 받는 과정을 거치면서 학습하고 성장하는 것이다.

학력이 우수한 직원들의 경우 신속성, 정확성에는 크게 모자람이 없어 보인다. 그러나 방향성과 지속성 측면에서는 다소 미흡해 보인다. 그 이유는 크게 두 가지 때문이다.

첫 번째, 학력이 높은 사람은 수렴적 사고(convergent thinking)[2]에 익숙하다

직장에서 벌어지는 일들의 대부분은 정해진 해답이 없다. 이 때문에 직장에서는 수렴적 사고보다는 확산적 사고(divergent thinking)[3]가 훨씬 유용하다. 쉽게 말해 정답을 골라내는 것보다 여러 가지 대안을 구하고 이를 통해 정답을 만들어가는 과정이 더 의미 있다고 하겠다.

확산적 사고를 위해서는 통찰력, 상황판단능력, 정치력, 직무 전문지식, 네트워킹 능력 등이 필요하다. 지극히 개인적인 경험에 비추어 볼 때 이 중에서도 정치력, 네트워킹 능력이 가장 부족한 요소로 꼽힌다. 직장 생활하다 보면 옳고 그름의 관점에서는 정답으로 보이지만 실제로는 적절한 해결책이 아닌 경우가 많은데 이들은 이를 잘 구분해내지 못한다.

---

2) 지식과 논리법칙을 동원하여 여러 가지 가능한 해결책이나 답들 가운데서 최종적으로 가장 적합한 해결책이나 답을 모색해가는 사고방식을 말한다.
3) 하나의 정확한 정답보다는 여러 개의 가능한 해답을 산출하는 사고 기능을 말한다. 발산적 사고라고도 한다.

오랜 시간 질책보다는 칭찬을 많이 받아온 이들이다. 무엇이 정답 혹은 옳은 대답인지 잘 알고 있다. 그래서 자연스럽게 자신은 늘 옳다고 생각한다. 또한 질책이 익숙하지 않은 이들에게 팀워크를 바탕으로 하는 작업은 여러모로 불편하기만 하다. 결과에 대한 책임을 나누었던 경험이 많지 않기 때문이다. 하지만 회사에서의 성과는 혼자 만들어낼 수 있는 것이 아니다. 직급이 높아질수록 더욱더 그렇다. 리더로 성장하기 위해서는 다른 사람의 손을 빌려 성과를 낼 줄도 알아야 한다.

개인기에 익숙한 이들이 작은 일에도 자존심에 상처를 입는 것은 어찌 보면 당연하다. 그러나 불평, 불만이 나를 이끌도록 해서는 안 된다. '이 회사는 나의 진가를 알아주지 못하는구나'라는 생각이 머릿속을 잠식하게 되면 종국에는 자신이 제시한 정답이 맞다고 인정해주는 회사를 찾아 떠날 수밖에 없다.

나는 공부머리에 가까운 사람인가, 일머리에 가까운 사람인가?

03

일머리가 있는 사람의
5가지 특징

우리는 일을 잘하는 사람에게 일머리가 있다고 말한다. 그렇다면 일머리가 있는 사람의 특징은 무엇일까? 사실 일머리가 있는 것과 상사로부터 일을 잘한다고 칭찬을 받는 것은 다른 문제다. 직장 상사가 원하는 것을 충족시켜주는 직원이 일 잘하는 직원이라고 가정한다면 도덕적 윤리적 가치와 기준을 벗어난 의사결정을 내려도 일을 잘하는 사람이라 평가받을 가능성이 있다. 드물겠지만 상사가 부도덕한 요구를 할 수도 있기 때문이다. 따라서 직장 상사에게 인정을 받는 직원이 곧 일머리가 있는 직원이라 단언할 수 없다. 또한 회사마다 일하는 방식과 추구하는 가치가 다르므로 A라는 회사에서 인정받는 사람이 B라는 회사에서도 일을 잘한다고 인정받기 어렵다. 그렇다면 어디에서나 일머리가 있는 사람으로 인정받기 위해서는 무엇이 필요할까? 이들의 공통점을 살펴보면 다음과 같은 5가지 특징이 있다.

1. 문제의 핵심을 파악한다

일하다 보면 무턱대고 답부터 찾는 사람들이 있다. 그러나 실행계획이 아무리 그럴듯해도 일의 목적과 취지에 맞지 않으면 좋은 결과를 얻을 수 없다. 그러자면 문제가 무엇인지부터 정확하게 파악해야 한다. 예를 들어 일과 삶의 균형을 지키기 위한 대책을 찾는다고 가정해보자. 일과 삶의 균형이 잘 지켜지지 않는 이유는 여러 가지가 있을 수 있다. 직원들의 역량이 부족하여 추가 근로가 불가피한 경우, 리더십 이슈, 보수적인 조직문화, 인사정책과 제도의 정비 문제 등이 있을 수 있다. 그런데 무작정 리더들을 모아놓고 리더십 교육을 실시하는 것은 의사가 정확한 진단 없이 무작정 약처방 하는 것과 별반 다르지 않다.

2. 과제의 구체적인 목표를 설정한다

목표달성을 통해서 내가 얻고자 하는 것이 무엇인지 구체적인 그림을 가지고 있어야 한다.

직원의 역량 부족으로 일과 삶의 균형을 지키지 못하는 상황이라면 직원들의 역량 개발을 위한 지원이 필요하다. 그렇다면 역량 개발 지원을 통해 직원들이 어떻게 변화하길 기대하는지 결과물에 대한 구체적인 그림이 있어야 한다.

예를 들어 기존에 기획안 작성에 소요되는 시간이 일주일이었다면 이를 이틀 이내로 가능하도록 한다는 구체적인 목표를 설정해야 한다. 목표가 구체적이어야 결과에 대한 평가도 가능하다.

3. 실제 상황을 가정하여 시뮬레이션을 돌려본다

머릿속으로 모든 실행 과정을 점검해보고 방해요소 혹은 돌발변수들은 없는지 체크한다. 돌발변수를 대비한 Plan B는 이 과정에서 결정된다.

4. 주변 자원을 적절하게 활용한다

업무 추진에 동력원이 되어줄 지지자 혹은 스폰서를 찾아 적극적으로 활용한다. 시간과 인력, 비용 등의 자원을 지원해줄 직장상사의 힘과 권력을 잘 활용하면 어려운 과제도 손쉽게 해결할 수 있다. 업무의 질은 개인의 역량보다 효과적인 자원 활용에 달려 있다.

5. 일의 납기를 잘 맞춘다

어찌 되었든 중요한 것은 결과물이다. 납기일은 스포츠에 비유하면 결승점이다. 아무리 열심히 뛰었어도 결승점을 통과하지 못하면 기록으로 인정받지 못한다. 마찬가지로 일도 납기일을 준수하지 못하면 성과로 인정받기 어렵다. 일을 잘하는 사람은 대부분 납기일을 목숨처럼 지키는 사람들이다.

04

직장인의 성공 방정식

성공하는 직장인

　일을 잘하는 사람은 모두 성공할까? 결론부터 말하자면 그렇지는 않다. 일을 잘하는 것이 성공의 충분조건이긴 하지만 필요조건은 아니다.

　사람들은 누구나 성공을 꿈꾼다. 물론 '성공'과 '성공적인 삶'은 다르다. 여기서는 주관적 차원의 '성공적인 삶'이 아닌 '일의 결과물'에 초점을 둔 성공에 관해서 이야기해보고자 한다. 직장인의 성공은 다음과 같은 공식으로 설명할 수 있다.

Y(성공) = A(능력 X 열정) X 노력 + B(운)

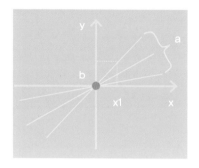 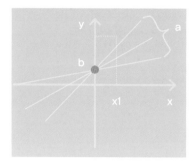

A(기울기) = 능력 X 열정   B = 운 혹은 개인 백그라운드

1. 능력이 필요하다

성공에 있어서 가장 핵심적인 요소다. 아무리 원하는 일이어도 그
일을 잘할 수 있는 능력이 없다면 성과를 낼 수 없다.

2. 내적 동기부여 체계가 잘 갖춰져 있어야 한다

'하고 싶다, 할 수 있다, 하면 된다'라는 믿음이 바탕이 되어야 한
다. 그것이 곧 일에 대한 열정으로 이어진다.

3. 지속적인 노력이 필요하다

반짝 벼락치기가 아닌 조금씩이라도 꾸준한 실천이 중요하다.

4. '운'이 필요하다

여기서 말하는 '운'은 '뜻밖의 기회'라는 의미도 있지만 '개인의 배경'도 포함된다. '금수저'라 불리는 사람들은 B값이 높은 사람들이라고 할 수 있다.

일반적으로는 A값을 높이기 위해 노력한다. 그런데 문제는 B값에만 매달릴 때 발생한다. 사내정치 혹은 연줄을 통해 성과를 내려고 하는 경우다. 필연적으로 갈등이 발생할 수밖에 없다. 최근 강원랜드에서 벌어진 채용 비리는 청년구직자들에게 큰 상처와 분노를 안겨주었다. 하지만 결국 비정상적인 B값에 대한 심판이 이루어졌다. B값은 장기적인 성공을 보장하지 않는다. 물론 B값을 무조건 부정하려는 것은 아니다. B값은 기회가 주어졌을 때 기회를 놓치지 말아야 하는 변수로서 의미가 있다. 예를 들어 리더의 자리가 공석이라면 이는 B값을 잡을 좋은 기회. 하지만 내가 리더로서 준비되어 있지 않다면 A값을 높이지않으면 그 기회 B값를 잡기 어렵다. 기회는 준비된 자에게만 찾아온다. 먼저 개인의 실력과 성실한 노력이 우선이다. 외부의 힘에 의존하여 얻은 성공은 오래가지 못한다.

성공을 꿈꾸는 직장인이 가져야 할 태도

실력은 태도에서 비롯된다. 성공적인 직장 생활을 하고자 한다면 기본적으로 다음과 같은 마음가짐과 태도를 유지해야 한다.

1. 결자해지(結者解之): '남 탓을 하지 않는다'

길을 지나던 한 남자가 있었다. 잠시 딴생각을 한 사이에 깊이를 알 수 없는 어두운 구덩이 속에 빠져버리고 말았다. 다행히 목숨은 건졌지만 도저히 혼자서 구덩이를 벗어날 수는 없었다. 살려달라고 목청 껏 외쳐보았지만 그 누구도 돌아보지 않았다. 그는 한 치 앞을 내다 볼 수 없는 칠흑 같은 어둠 속에서 두려움을 느꼈다.

'누구도 나를 찾아낼 수 없을 거야. 이젠 정말 끝이구나.'

깊은 절망감에 빠졌다. 심지어 구덩이를 지나는 사람들은 하나둘씩 쓰레기를 구덩이 속으로 버리기 시작했다. 밤낮을 가리지 않고 쓰레 기는 점점 더 쌓여만 갔다. 그러던 어느 날 떨어지는 쓰레기 더미를 온몸으로 맞으면서 그는 생각했다.

'여기서 포기할 순 없어. 다른 사람의 도움을 받을 수 없다면 어떻게든 나 스스로 빠져나갈 수 있는 방법을 찾아봐야지.'

희망의 끈을 놓지 않았던 그는 문득 이런 생각이 들었다.

'버려진 쓰레기 더미를 발판 삼으면 어쩌면 구덩이를 빠져나갈 수도 있겠어.'

그 이후로 그는 버려진 음식물 쓰레기로 하루하루를 버티며 쓰레기 더미를 쌓아 올렸다. 얼마 지나지 않아 그는 결국 자신의 힘으로 구덩이에서 벗어날 수 있었다. 구덩이를 파놓은 사람을 탓해 보아야 절망과 좌절뿐이다. 하지만 내가 마음을 고쳐먹으면 어떤 위기의 상황 속에서도 이를 극복할 지혜와 힘을 얻을 수 있다. 내 탓이라 여기는 순간 모든 길은 열리게 되어 있다.

2. 일체유심조(一切唯心造): '모든 것은 생각하기 나름이다'

한 청년이 있었다. 온종일 뙤약볕 아래에서 콩을 팔아보았지만 단 한 개도 팔리지 않았다. 지나가던 행인이 청년에게 한마디 건넨다.

"자네 참 안되었군 그래. 오늘처럼 허탕만 쳐서야 먹고살 수 있겠는가?"

청년은 밝게 웃으며 이야기했다.

"저는 괜찮습니다. 만일 오늘 팔지 못하면 내일 팔면 되지요!"

행인은 한마디 더 건넨다.

"내일도 못 팔면 어쩔 텐가? 저 많은 콩을 어찌하려고?"

청년은 환한 미소로 행인에게 답했다.

"그럼 콩을 두부로 만들어서 팔면 되지요!"

청년의 대답에 오기가 생긴 행인은 되묻는다.

"그래도 안 팔린다면 어찌할 텐가?"

청년은 여전히 미소로 행인의 질문에 답을 한다.

"그래도 안 되면 콩치즈나 콩나물로 키워서 팔면 됩니다!"

실패와 좌절의 경험은 생각하기에 따라 독이 되기도 하고, 성장의 기회가 되기도 한다.

3. 부화뇌동(附和雷同): '소신이 없는 사람은 신뢰하기 어렵다'

'당신 말도 맞고, 저 사람 말도 맞다'라는 것은 자신만의 논리가 없는 사람들이나 하는 말이다. 회사는 친목을 도모하는 장소가 아니다. 필요에 따라서는 논쟁도 불사해야 한다. 인간관계를 맺을 때는 휴머니스트가 되어야 하지만 일을 할 때는 검투사가 되어야 한다.

4. 등고자비(登高自卑): '로마는 하루아침에 이루어지지 않았다'

급할수록 돌아가라는 말이 있다. 정도의 차이는 있지만 모든 일에는 숙성기간이 필요하다. 예를 들어 경력직원이 새로운 조직에 적응하기 위해서는 사람과 비즈니스를 잘 알아야 한다. 그런데 이는 단기간에 가능한 일이 아니다. 절대적인 시간이 필요하다. 조급한 마음을 가질수록 실패할 확률은 높아진다.

05

착각에 빠진
직장인 구하기

직장인의 착각

직장 생활을 하다 보면 흔히들 3가지 착각에 빠진 사람들을 만나곤
한다.

1. 근속연수가 곧 자신의 '실력'이라 믿는 사람

미국 심리학자 에릭슨 K.Anders Ericsson은 한 분야의 전문가로서 인
정을 받기 위해서는 최소 1만 시간이 필요하다는 '1만 시간의 법칙'
을 주장했다. 이를 근거로 오랜 직장 생활의 경험과 노하우가 곧 자
신의 실력이라 착각하는 사람들이 생겨나기 시작했다. 하지만 양보
다는 질이 중요하다. 열 번 찍어서 안 넘어갈 나무 없다지만 녹슬고
무딘 도끼라면 백 번, 천 번을 찍어도 절대 넘어가지 않는다. 마찬가
지로 회사를 십 년, 이십 년 다녀도 '제대로 된 일'을 하지 않았다면
그는 제자리걸음을 한 것이나 다름없다.

2. 회사의 업무 이력이나 사람을 많이 아는 것을 '능력'이라 생각하는 사람

회사 '짬'이 곧 실력이라고 믿는 사람들은 히스토리와 네트워킹을 바탕으로 자신의 믿음을 더욱 공고히 한다. 물론 히스토리와 네트워킹이 중요하고 또 챙겨야 하는 것들은 맞다. 하지만 그것들을 쌓기 위한 노력은 격려와 인정의 대상이지 이를 능력 혹은 역량이라 이야기하긴 어렵다. 회사를 그만두어도 그 가치가 유지되는지 살펴보면 그 이유를 알 수 있다.

3. 직급과 직책이 곧 본인의 존재 가치와 동일하다고 믿는 사람

연공서열 중심의 한국 사회에서 직급과 직책이 곧 자신의 존재 가치라 믿는 것은 대단한 착각이다. 특별한 노력 없이도 일정 직급 이상은 시간이 해결해주기도 한다.

'직장 생활에 있어서 가장 중요한 한 가지는 무엇인가?'라고 묻는다면, 나는 자신 있게 직무전문성을 이야기하고 싶다. 직무전문성은 마치 요리의 밑간과도 같다. 정치적인 센스, 네트워킹, 외모, 사회적 배경 모두 중요한 요소로 작용하지만 직무전문성이 뒷받침되지 않는다면 아무 소용이 없기 때문이다.

전문가란 누구인가

그렇다면 전문가로서 인정을 받기 위해서는 무엇이 필요할까? 전문성을 갖춘 것과 전문가는 조금 다른 이야기다. 전문가로 인정받기 위해서는 다음과 같은 조건이 필요하다.

1. 많이 알아야 한다

자신의 직무 분야에 대한 지식과 정보는 기본이다. 자신의 일과 관련된 내용이라면 누가 어떤 질문을 하더라도 거침없이 답변이 가능해야 한다.

보통 전문지식이 많으면 전문가라 생각하는데 이는 잘못된 생각이다. 전문지식은 전문가로 인정받기 위한 여러 조건들 중 가장 기본이되는 요소일 뿐이다. 단순히 많이 아는 사람이 전문가라면 누구나 쉽게 전문가가 될 수 있을 것이다.

2. 알고 있는 것을 충분히 표현할 줄 알아야 한다

알고 있는 것과 이를 말로 설명하는 것은 다른 문제다. 머릿속에만 어렴풋이 남아 있는 것은 단순한 '기억'의 조각일 뿐이다. 정보로서그 가치를 인정받기 위해서는 이를 밖으로 끌어낼 수 있어야 한다. 전문가는 자신이 알고 있는 지식을 상대가 쉽게 이해할 수 있도록 잘풀어내는 사람이다. 유대인들이 토론방식의 '하브루타'[4] 학습법을 주로 활용하는 이유도 바로 이 때문이다. 보고를 잘하는 사람은 핵심내용을 간결하게 정리하고 스토리텔링화를 잘한다. 평소 자신의 업

---

4) 짝을 이뤄 서로 질문을 주고받으면서 공부한 것에 대해 논쟁하는 유대인의 전통적인 토론 교육 방법.

무 지식, 생각, 의견들을 정리하는 연습을 했기에 가능한 일이다. 그냥 말을 잘하는 사람은 없다. 반복해서 연습해야 말에 로직이 생기고, 로직이 있어야 말의 설득력과 파괴력이 생겨나는 것이다.

3. 풀어낸 지식과 정보를 실제 업무에 적용할 줄 알아야 한다

전문가로 인정받기 위한 가장 중요한 포인트다. 자신이 알고 있는 지식을 현업의 문제해결에 적용하고, 적절한 해법을 제시할 수 있어야 한다. 즉, 문제해결능력을 갖추어야 한다.

우리는 특정 전공자들을 전문지식을 갖추고 있다고 이야기하지만 전문가라고 이야기하지는 않는다. 그 이유는 바로 이 때문이다. 자신이 알고 있는 지식을 실무에 적용해보고 실패와 성공경험을 통해서 스킬, 경험, 식견 등을 쌓아가는 것이다. 우리는 이러한 과정을 거쳐서 전문가로 성장한다.

직장인은 회사를 그만두면 백수가 되지만 직무전문성을 갖춘 직업인은 회사를 그만두어도 직업인이라는 타이틀을 유지할 수 있다. 당신은 직장인을 선택할 것인가? 아니면 직업인으로 거듭날 것인가?

06

일에 가치를 더하라

산업사회 이전의 개인은 노동자로서 모든 생산과정에 관여했다. 그렇기에 충분히 일의 보람을 느꼈다. 그러나 산업혁명 이후 분업화가 이루어지면서 개인의 역할은 제한되었고 자연히 일의 보람보다는 돈벌이로서의 가치에 집중하게 되었다. 그렇다면 상황은 반전될 수 없는 것일까? 어떻게 하면 내가 하는 일에 보람을 느낄 수 있을까?

이를 위해서는 두 가지 전제조건이 필요하다. 먼저 일을 하면 '결과물'이 있어야 한다. 그리고 그 결과물이 나에게 '유의미'해야 한다. 내가 열심히 해도 일의 결과물이 무엇인지 알 수 없다면 혹은 내가 열심히 일해서 결과물을 냈는데 그것이 별 가치가 없는 것이라 느낀다면 '일'은 먹고살기 위한 도구에 지나지 않는다.

그렇다면 일에 가치를 더하기 위해서는 무엇을 해야 하는가?

1. 직무 전문가로 성장하되, 제너럴한 시각을 유지한다

일을 잘하기 위해서는 크게 세 가지를 잘 이해하고 있어야 한다. 첫 번째는 직무에 대한 이해다. 자신이 하고 있는 일에 대한 전문성이 필요하다. 두 번째는 사람에 대한 이해다. 나의 고객이 누구인지, 그들이 필요로 하는 것이 무엇인지 잘 알고 있어야 한다. 마지막 세 번째는 내가 속한 업에 대한 이해다. 즉, 조직의 비즈니스 환경과 직무 간 비즈니스 연결고리들을 잘 파악해야 한다.

다음과 같이 원의 안쪽에서 바깥쪽으로 이해의 폭이 넓어질수록 성과를 잘 내고 조직 내에서 리더로 성장할 가능성이 높아진다.

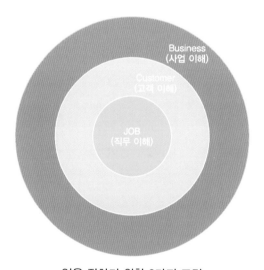

일을 잘하기 위한 3가지 조건

특히 비즈니스의 이해는 일의 가치와도 깊은 관련이 있다. 내가 하고 있는 일에만 매몰되어서는 내가 하는 일이 조직의 성과창출에 어떤 기여를 하는지 알기 어렵다. 그렇게 되면 앞서 언급한 바와 같이 일에 대한 보람을 느끼기 어렵다. 반대로 내가 하는 일이 '전체 비즈니스 안에서 어떤 기능을 담당하고 있는지', '다른 조직과 어떻게 연결되고 또 시너지를 낼 수 있는지', '그 결과 성과에 얼마나 기여했는지'에 대한 이해가 높아질수록 내가 하고 있는 일의 의미와 가치는 더욱 명확해진다. 사람들은 자신이 하는 일이 가치 있고 보람 있다고 느낄 때 강력하게 동기 부여되고 자연히 더 높은 성과를 낸다. 그리고 이러한 사람들이 리더로 중용되는 것은 너무도 당연한 일이다.

2. 업무는 '단품'이 아닌 '세트'로 부여해야 한다

분절된 업무가 아닌 '통'으로 업무를 나눠야 책임감과 오너십을 가지고 일할 수 있다. 업무에 대한 오너십을 갖도록 하는 가장 좋은 방법은 업무의 오너가 되는 것밖에 없다.

만일 어쩔 수 없이 분절된 업무를 담당해야 한다면, 큰 그림 안에서 내 업무가 어디에 자리하는지, 어떤 의미가 있는지 알게 해야 한다. 또한 업무의 경계가 명확해야 한다. 분절한 업무들의 책임과 역할을 분명히 해야 한다. '내' 일도 아니고 '네' 일도 아닌 책임소재가 애매모호하게 업무를 분배하면 반드시 갈등이 발생한다.

3. 나의 고객은 누구이고, 내가 그들에게 어떤 가치를 제공했는지 확인한다

예를 들어 사회단체 기금 모금 담당자라면 사람들로부터 모은 기금이 실제 누구에게 어떤 방식으로 전달되었는지, 그로 인해 사람들의 삶이 어떻게 달라졌는지 확인한다.

내가 하는 일의 가치는 내가 결정하는 것이다. 그러나 우리는 종종 자신이 하는 일을 비하하거나 별일 아닌 듯 치부하기도 한다. 일의 경중과 시급성을 떠나 모든 일은 존중받아야 한다. 우리는 일의 '가치 평가자'가 아닌 '가치 창조자'가 되어야 한다. 어떻게 하면 내가 그리고 동료들이 각자의 일에서 자부심과 보람을 느낄 수 있을지 고민해야 한다.

07

경쟁(競爭)을
즐겨야 하는 이유

경쟁이란 말이 듣기 불편하고 거북할 때가 있다. 경쟁의 환경이 누구에게나 공평하지 않은 현실 속에서는 더욱 그렇다. 하지만 경쟁은 우리의 숙명이다. 그 이유를 살펴보자.

1. 우리의 삶은 곧 '경쟁'이다

피하고 싶다고 피할 수 있는 문제가 아니다. 이미 우리는 3억 분의 1이라는 치열한 경쟁을 이겨내고 이 땅에 태어났다.

'나는 경쟁력이 있는 사람인가?'라고 자문하는 이유는 우리가 경쟁의 틈바구니에 있기 때문이다. 경쟁이 없으면 경쟁력이란 말도 존재하지 않는다. 회사에서 습관적으로 다음과 같은 이야기를 하는 사람들이 있다.

> "나는 임원은 바라지도 않아. 부장으로 정년까지 다니는 것이 목표야. 그게
> 더 좋지 뭐."

하지만 착각이다. 경쟁하지 않으면 정년도 유지하기 어렵다. 치열하게 경쟁해야 그나마 제자리를 유지할 수 있다.

2. 경쟁은 피해야 하는 것이 아니다

지나친 경쟁이 문제고 공정하지 못한 경쟁이 문제다. 문제 해결의 첫걸음은 '회피'가 아니라 '직면'이다.

MBC 예능에 〈나는 가수다〉라는 프로그램이 있었다. 이 프로그램이 신선한 자극과 충격으로 다가왔던 이유는 경쟁 구도에 있지 않다고 생각했던 가수들을 끌어 모아 경쟁을 붙여놓았기 때문이다. 시청자들은 이러한 경쟁을 지켜보며 묘한 카타르시스를 느꼈다. 그런데 문제가 생겼다. 가수 김건모의 경연 때문이었다. 다른 출연 가수들은 탈락의 위기에서 벗어나기 위해 혼신의 힘을 다했던 반면, 그는 '립스틱 퍼포먼스'로 관객들로부터 웃음을 끌어내는 것에 더 많은 관심을 두었다. 남들은 이 상황을 '경쟁'으로 인식하는데 김건모만 나 홀로 '예능'으로 받아들여서 문제가 되었다. 경쟁의 룰을 따랐던 대다수의 참가자는 음원 차트에서 상위권에 오르는 등 상당 부분 개인적인 보상을 받았다. 반면 김건모는 뛰어난 가창력과 퍼포먼스에도 불구하고 시청자들로부터 엄청난 비난을 감수해야만 했다. 혹시 우리도 직장 생활을 하면서 경쟁을 예능으로 받아들이고 있는 것은 아닌지 돌아볼 일이다.

3. 경쟁에도 룰이 있다

우리가 기대하는 것은 선의의 경쟁이다. 경쟁을 통해 성과를 내어도 그 방법이 올바르지 못하면 인정받기 어렵다. 스피드스케이팅의 특혜 논란과 쇼트트랙의 밀어주기식 선수 운영은 공정한 경쟁이 아니다. 〈나는 가수다〉의 김건모는 경연 재도전이라는 경쟁의 룰을 파괴함으로써 더 큰 비난을 받았다.

김연아 선수에게는 아사다 마오가 있었고, 메시에게는 호날두가 있다. 폴 매카트니와 존 레넌이 경쟁 관계에 있었기에 우리는 불후의 명곡을 만날 수 있었다. 선의의 경쟁은 바로 이런 것이다. 서로에게 자극과 도전 의지를 주어 함께 성장하고 발전하는 것이다.

1990년대 후반 메이저리그의 거포 마크 맥과이어와 새미 소사는 홈런왕 타이틀을 두고 치열한 경쟁을 펼쳤다. 승자는 마크 맥과이어였다. 승리의 비결을 묻는 기자의 질문에 맥과이어는 이렇게 대답한다.

"저 혼자 잘해서 낸 기록이 아닙니다. 소사 선수와 함께 만들어낸 기록입니다."

지금 내 옆에는 건강한 경쟁을 펼칠 동료가 함께하고 있는가?

08

매년 똑같은 계획을
세우는 당신에게

'새해에는 꼭 몸무게를 10kg 이상 감량하겠어.'
'올해만큼은 성과를 내서 꼭 승진하도록 해야지.'
'올해는 연애다운 연애를 해보고 싶어.'

모두들 새로운 각오와 다짐으로 새해를 시작한다. 단순히 출발점만
을 끊어놓고 보면 모두가 동일한 선상에 위치해 있다. 그러나 문제는
결승점이다. 한 해를 마무리하는 시점에서 우리는 모두 다른 위치에
서 있을 것이다. 어떤 이는 출발점에서 또 어떤 이는 결승점을 통과
하여 또 다른 도전과제를 수행하고 있을지 모른다.

목표달성에 실패해서 매해 똑같은 새해 계획을 세우는 이들이 있
다. 실패는 그 자체로 문제가 되지 않는다. 다만 실패가 반복되면 그
것은 문제가 된다. 이는 '반복된 실패 경험'이 뇌에 각인되기 때문이
다. 뇌는 내가 의도한 바를 기억하는 것이 아니라 생각하고 실행하는
과정에서 발생하는 날것의 정보를 있는 그대로 기억한다. 예를 들어

'PT 장표를 잘못 만들어서, 보고할 때 더듬는 일은 없어야 할 텐데'라는 생각을 했다고 가정해보자. 의도는 '성공적인 보고를 했으면 좋겠다'이다. 그러나 뇌는 'PT 장표를 잘못 만드는 것', '보고할 때 더듬는 것'을 입력한다. 결과는 어떠하겠는가?

얻고자 하는 것이 있다면 실제 내가 기대하는 바를 떠올리고 입으로 내뱉어야 한다. 예를 들어, '아이 콘택트를 자연스럽게 하고, 차분하고 천천히 이야기하듯이 발표하겠어'라고 다짐하면 된다.

목표달성의 핵심 키워드는 '실행력'과 '지속성'이다. 실패하는 이유는 모두 이 두 가지가 부족하기 때문이다. 아무것도 하지 않거나 혹은 조금 하다가 말기 때문이다. 개인적으로는 목표달성을 위해 다음의 세 가지 원칙을 제안하고자 한다.

1. 단기 목표에 집중한다

결승점을 생각하지 말고 시선을 내 보폭 이내에 머무르도록 하는 것이다. 예를 들어 올해 안으로 책 한 권을 쓰겠다는 목표를 세웠다면, 책 한 권을 어떻게 쓸까 하는 고민보다는 매일 1~2P 분량의 글을 쓰는 것을 목표로 삼으면 된다. 완성된 책 한 권을 목표로 잡으면 목표에 압도되어 앞으로 나아가지 못할 수 있다. 그러나 하루 한 페이지라는 목표 세우고 이를 실천하고자 한다면 어렵지 않게 목표에 한 걸음 다가설 수 있다. 이러한 작은 성취감은 지속적 실행을 돕는다.

2. 목표를 구체화한다

프랭크 티볼트는 그의 저서 『직장인 리더십』에서 실행과 지속적 반복을 위해 구체적인 목표를 적어볼 것을 주문했다. 그리고 목표를 도출하기 위한 질문으로 어느 직장에서나 적용 가능한 개선/보완과제 리스트를 다음과 같이 제안했다. 실제 업무 개선을 위한 목표설정에 많은 도움이 되는 질문이니 꼭 한번 살펴보면 좋겠다.

- 내가 하는 일의 어떤 부분을 어떻게 개선할까
- 꼭 지금 하는 방식으로 해야 하는 걸까
- 어떻게 해야 생산성을 늘릴 수 있을까
- 어떻게 해야 비용을 줄일 수 있을까
- 어떻게 해야 이익을 늘릴 수 있을까
- 어떻게 하면 시간을 아낄 수 있을까
- 사람과의 불화, 지연 사태나 사고를 줄이려면 어떻게 해야 할까
- 다른 분야의 아이디어 중에서 내가 유익하게 사용할 수 있는 것은 무엇일까
- 나의 진취적인 능력을 어떻게 표출할 수 있을까

도출된 목표가 다소 추상적이라면 최대한 정량화할 수 있는 방식으로 변경한다. 이때 최대한 쪼갤 수 있는 단위까지 목표를 세분화하는 것이 중요하다. 예를 들어 모 유통업체의 경영목표가 '고객 만족'이라고 가정해보자. 고객 만족이라는 목표 자체는 의미가 있지만 이를 실천하고자 할 때 구체적으로 무엇을 해야 하는지 알 수가 없다. 그렇다면 고객 만족에 영향을 미치는 요인들을 파악하고 이들 중 정량적으로 관리할 수 있는 지표들을 찾아내야 한다. 예를 들어 '배송 서비스의 질'을 높이는 것이 고객 만족에 중요한 영향을 미친다면 이를 목표로 삼으면 된다. 그러나 배송 서비스의 질을 높이자는 목표는 조금 더 세분화가 가능하다. 배송 서비스의 질을 높이기 위해서는 무엇을 해야 할까? 배송기간도 중요한 요소가 될 수 있을 것이다. 그렇다면 '주문 후 3일 이내 발송 완료'가 구체적인 목표가 될 수 있을 것이다. 이런 방식으로 반복된 질문을 통해 목표를 세분화하게 되면 고

객 만족이라는 궁극적인 목적을 위해서 내가 가장 먼저 무엇을 해야 할지 명확해진다. 목표가 구체적이어야 실행이 가능하다.

3. 작은 것부터 실천한다

이제 남은 것은 꾸준히 실천하는 것뿐이다. 이때 주의해야 할 것이 있다. 평균값에 매몰되어서는 안 된다는 것이다. 평균 배송기간이 3 일이라도, 어떤 날은 배송기간이 1일이고 또 어떤 날은 배송기간이 7 일이었다면 온전히 목표를 달성했다고 말하기 어렵다. 평균값이 아닌 중간값이 3일 이내가 되어야 의미가 있다.

세부 목표가 많다고 느껴지면 가짓수를 줄이는 것도 방법이다. 실천하기 쉬운 것들부터 목표로 삼으면 된다. 작은 것이라도 일단 시작하면 목표달성에 가속이 붙게 되어 있다.

각오 〈 계획 〈 실천 〈 작은 것부터

올 한 해 새해 계획이 또다시 공염불에 빠지지 않기 위해서는 단순한 각오보다는 구체적인 실행계획이, 계획보다는 실천이, 실천할 때는 작은 것부터 시작하는 것이 중요하다는 사실을 잊지 말아야 할 것이다.

"결심을 표현하는 행동은 좋은 의도를 가진
100만 개의 단어에 맞먹는 가치가 있다."
- 웨인 다이어 -

"천 마디 말도 하나의 행동만큼 깊은 감명을 남기지 못한다."
- 입센 -

전국경제인연합회에서 조사한 설문조사[5]에 따르면 국내 경영인의 기업가 정신을 드러내는 '최고의 한마디'에 故 정주영 현대 그룹 명예회장의 '이봐, 해봤어?'가 1위를 차지했다. 이어 2위는 삼성 이건희 회장의 '마누라, 자식 빼고 다 바꿔라', 3위는 전 대우그룹 김우중 회장의 '세계는 넓고, 할 일은 많다'였다. '이봐, 해봤어?'가 가장 많은 지지를 받았다는 것은 그만큼 실행의 중요성에 대해서 모두가 공감하고 있기 때문일 것이다. 그런데도 우리는 여전히 실행에 서투르다. 다이어트, 금연, 운동, 공부 등 계획은 완벽한데, 정작 실행 단계에 접어들면 너무 쉽게 포기해버린다. 이는 다음과 같이 미루어 짐작하는 습관 때문이다. '해봐야 시간 낭비일 거야', '저건 맛이 없겠지', '말을 걸면 싫어할 거야', '바빠서 안 될 거야.'

어느 회사의 영업사원을 뽑기 위한 채용과정에서 벌어진 일이다. 수백 명의 경쟁률을 뚫고 단 네 명의 지원자들만이 최종 면접에 올랐다. 그런데 최종 합격을 위한 마지막 미션은 다소 특이했다. 200kg의 금고를 옮길 수 있는 방법을 찾아오라는 것이다. 주어진 시간은 단 20분뿐이었다. 황당한 요구에 지원자들은 당황했지만, 최선을 다해 문

---

5) 전국경제인연합회 '재계 인사이트' 독자 278명을 대상으로 한국을 대표하는 기업인들의 최고 어록에 대해 설문조사 실시, 2015.

제해결 방법을 찾았다. 그런데 지원자 중 한 명은 시종일관 무표정한 모습으로 제자리만 지키고 있는 것이었다. 나머지 세 명의 지원자는 속으로 **'아니 이 중요한 최종 면접에 저렇게 쉽게 포기하면 어떻게 해?'** 라며 그를 비웃었다. 결국 발표 시간은 다가왔고 각자 저마다 금고를 들어 올릴 수 있는 방법들을 발표했다. 그리고 마지막으로 아무것도 하지 않고 자리만 지키던 지원자의 발표 시간이 다가왔다. 그런데 그는 발표는 하지 않고 조용히 자리에서 일어나 금고 쪽으로 가까이 다가갔다. 사람들이 모두 당황해하는 순간 그는 손을 뻗어 금고를 밀어내기 시작했다. 그런데 놀랍게도 금고는 아무런 저항 없이 쉽게 밀리는 것이었다. 면접관들은 흐뭇한 미소를 지어 보였다. 그리고 최종 합격은 그에게 돌아갔다. 사실 그 금고는 종이로 만들어진 가짜 금고였다.

스티브 잡스의 고등학교 시절의 일화다. 스티브 잡스는 주파수 계수기를 만들기 위해 부품이 필요했다. 그러나 이를 구할 마땅한 방법이 없었다. 어떻게 하면 필요한 부품을 구할 수 있을까 고민하던 중 무작정 전화번호부에 나와 있는 휴렛패커드의 CEO 빌 휴렛에게 전화를 건다. 잡스는 당당하게 자신의 요구사항을 이야기했고 빌 휴렛은 이를 흔쾌히 받아들였다. 이 일을 계기로 스티브 잡스는 휴렛패커드에 임시 채용되기도 했다.

직장 생활을 하다 보면 누구나 한 번쯤은 슬럼프에 빠진다. 머리가 텅 빈 듯하고 공허한 마음이 든다면 과감하게 무엇이든지 도전해보자. 회사 업무와 관련된 일이 아니어도 좋다. 일단 시도 자체가 변화를 부르는 자극제가 된다. 부자들의 특징 중 하나는 신속한 실행이다. 이들은 새로운 아이디어가 생기면 이를 24시간 이내에 실행하는 비율이 높다고 한다.

다만 여기서 한 가지 주의해야 할 점이 있다. '시도'와 '실행'은 다르다는 점이다. 시도에는 완결에 대한 의지가 빠져 있다. 시도는 최선을 다하지 못하기 때문에 제때 혹은 완성된 결과물을 얻지 못할 수도 있다는 여지를 남겨둔다. 그러나 실행은 완결에 대한 의지가 포함되어 있다. 다음의 예를 살펴보자.

A 비행기: "기장 홍길동입니다. 현재 제주 국제공항에 착륙하기 위해 활주로로 접어들고 있습니다. 비행기가 안전하게 착륙할 수 있도록 시도하겠습니다."

B 비행기: "기장 김철수입니다. 현재 제주 국제공항에 착륙하기 위해 활주로로 접어들고 있습니다. 비행기를 안전하게 착륙시키겠습니다."

우리는 A 혹은 B 중에 어떤 비행기를 선택하게 될까?

꿈과 현실의 사이에는 '실행'이라는 사다리가 놓여 있다. 아무것도 하지 않으면 아무 일도 일어나지 않는다. 실패가 두렵거나 아무것도 할 수 없을 것 같은 불안감이 들 때, 스스로에게 되물어보자. "이봐, 해봤어?"

09

기회는 곡선 주로에 있다

"위험에 부딪혔을 때 절대로 도망치지 마라. 그러면 오히려 위험은 두 배로 늘어난다. 그러나 결연히 맞서면 위험은 절반으로 줄어든다."

- 윈스턴 처칠 -

위기는 곧 기회다

쇼트트랙이나 스피드 스케이팅의 승패는 대개 직선 주로가 아닌 곡선 주로에서 판가름 난다. 스피드 스케이팅에서 '올림픽 3회 연속 메달획득'이라는 역사를 쓴 이상화 선수의 사례를 살펴보자. 2018 평창 동계올림픽 500m 스피드 스케이팅 결승전이었다. 경기 초반에는 직선 코스에서 라이벌인 '고다이바 나오'보다 앞서 올림픽 3연패 기대감을 높였다. 그러나 코너링이 문제였다. 아주 미세한 흔들림 때문에 결국 메달 색이 바뀌어버렸다. 쇼트트랙도 승부는 코너링에 달려 있다. 순위는 주로 코너링을 할 때 바뀐다. 코너링 시에 벌어지는 작은 틈이 추월의 기회가 되기도 하고, 코너링을 잘하지 못해 넘어지거나 실격패하기도 한다.

한국 선수들이 매 대회 때마다 좋은 성적을 낼 수 있었던 것은 무엇보다 곡선 코스라는 위기를 기회로 만드는 능력이 탁월했기 때문이다. 평탄한 길 위에서는 누가 더 좋은 성과를 낼 수 있을지 알기 어렵다. 그러나 위기의 순간이 닥치면 진정한 승자가 누구이고, 또 패자는 누구인지 알 수 있다.

A 대리는 영업맨으로 한창 좋은 성과를 냈다. 매년 두둑한 인센티브를 받으며 남부러울 것 없는 생활을 즐기며 살았다. 조직 내에서도 실적만큼이나 그에 대한 믿음과 신뢰는 굳건했다. 동료들의 부러움을 한 몸에 받으며 남들보다 빨리 승진하며 자신만의 자리를 확고히 잡아가는 듯했다. 그러나 어느 순간부터 영업 실적이 믿기 어려울 만큼 곤두박질치기 시작했다. 매년 우수직원 초청 행사의 단골 인사였던 그는 어느새 성과 부진자로 낙인이 찍혀버렸다. 그에 대한 조직의 신뢰와 믿음 또한 물거품처럼 사라져갔다. 그러던 어느 날 A 대리는 갑작스럽게 인사발령 명령을 받는다. 경기도 인근에 위치한 사내 연수원 담당자로 보직 이동하라는 것이었다. 교육 관련 업무는 해본 적 없는 그에게 연수원 발령은 사실상 회사를 나가라는 의미와도 같았다. 실제로 A 대리와 같은 발령을 받고 회사를 그만두는 직원들이 여러 명 있었다. 그러나 A 대리는 회사를 그만두지 않았다. 패배자로 낙인이 찍힌 상태에서 회사를 그만두는 것은 자존심이 상하고 용납하기 어려운 일이었기 때문이다. 그로부터 1년 후, 매년 적자를 면치 못하던 연수원이 처음으로 경상이익을 냈다. 결국엔 회사를 그만둘 것이라던 직원들의 수군거림이 무색하게도 A 대리는 화려하게 영업부서로 컴백했다.

위기의 순간에 포기라는 마침표를 찍으면 실패로 끝나지만, '쉼표'를 찍으면 결국 승리할 기회가 주어진다.

결핍이 주는 선물

　인간의 역사는 '결핍'에 의한 역사라 해도 과언이 아니다. 일례로 민주주의는 '자유'에 대한 결핍에서 생겨났고, 비행기는 '하늘을 날 수 없는 인간의 한계'라는 결핍에서 생겨났다. 인간은 유한한 삶을 산다. 유한함이라는 결핍이 우리의 삶을 보다 가치 있게 만들고 있지 않은가? 이처럼 '결핍'은 우리 삶을 변화시키는 원동력이 된다. 그리고 다음의 두 가지 큰 선물을 선사한다.

1. 불필요한 고통에서 벗어나게 해준다

　도마뱀은 적으로부터 위협을 받으면 꼬리를 잘라내어 위기를 모면한다. 시간이 지나면 다시 또 자랄 것이기에 잃어버린 꼬리에 연연하지 않는다. 설사 다시 자라나지 않을지라도 상관없다. 꼬리 따위가 목숨보다 중요하지 않기 때문이다.

2. 성장의 기회를 제공한다

　상어가 왜 바다의 최고 포식자인가? 다른 물고기들에 비해 몸집이 커서도 이가 강철보다 단단해서도 아니다. 생물학적으로 기능상의 결핍을 가지고 있기 때문이다. 상어는 부레가 없다. 그래서 몸을 잠시라도 움직이지 않으면 그대로 바닷속으로 가라앉고 만다. 이 때문에 끊임없이 움직여야 한다. 그러다 보니 바닷속 그 어떤 동물보다도 더 빠르고 날렵한 포식자로 단련되었다. '바다의 최고 포식자'라는 타이틀은 결핍에서 얻은 것이다.
　사자의 생존율은 얼마나 될까? 10마리의 어린 사자가 성체로 성장할 때까지 살아남는 수가 약 10%에 불과하다고 한다. 그 이유는 '굶

주림' 때문이다. 그나마 살아남은 10%의 사자들도 혼신의 힘을 다해 사냥을 해봐야 성공 확률이 30% 미만이라고 한다. 사자의 용맹함은 이리한 생존에 대한 절박함과 결핍에서 나온다. 우리가 잘 알고 있는 '백조'는 어떨까? 고고함, 우아함의 대명사로 불리지만 물밑에서도 우아할까? 그렇지 않다. 결핍이 있기에 우리는 내일을 꿈꾼다.

절대 포기하지 마라

"인생은 패배했을 때 끝나는 것이 아니라 포기했을 때 끝나는 것이다."
- 리처드 닉슨 -

'끝날 때까지는 끝난 것이 아니다'라는 말이 있다. 2016년 리우 올림픽 펜싱 경기를 보면서 새삼 느낀 말이다. 펜싱 에페 결승전이었다. 한국의 박상영 선수는 마지막 2분여를 남기고 4점을 뒤지고 있었다. 1점만 내주면 우승은 상대편 선수의 몫으로 돌아가는 순간이었다. 그러나 기적 같은 일이 벌어졌다. 패색이 짙었던 경기가 박상영 선수의 끈질긴 공격으로 반전되었다. 한 점씩 좁혀나가던 점수 차이가 어느새 동점에 이르렀다. 한국 나이로 43세가 되는 헝가리의 임레 선수는 백전노장으로 올림픽 및 세계선수권 메달리스트였다. 그러나 박상영 선수의 끈질긴 반격에 크게 흔들렸다. 마침내 동점 상황에서 박상영 선수의 극적인 공격 성공으로 대역전극이 완성되었다. 누구도 예상하지 못한 결과였다. 확률로만 본다면 박상영 선수의 우승은 기대하기 어려웠다. 그러나 그는 먼저 포기하지 않았다.

개인적으로 인생 영화라 부를 만한 작품이 하나 있다. 〈가타카 Gattaca〉(1997)라는 영화다. 열성인자와 우성인자를 분별해서 아이를 가질 수 있는 미래 세상을 그린 영화다. 영화 속 주인공 빈센트 에단호크는 태어날 때부터 열성인자를 타고났다. 우주비행사가 꿈이지만 세상은 열성인자를 가진 그를 우주비행사가 되도록 허락하지 않았다. 하지만 그는 포기하지 않았다. 우성인자를 가진 다른 사람의 신분으로 위장하여 그 꿈을 이루려 한다. 그리고 마침내 그는 불가능했던 꿈을 현실로 마주하게 된다. 모두가 불가능하다고 생각했지만 오직 그만이 가능하다고 말했다. 영화 속 가장 인상 깊었던 장면을 하나

소개한다. 태어날 때부터 열성인자를 타고난 빈센트_에단호크와 부모의 우성인자만을 골라서 태어난 동생이 바다 수영 내기를 하는 장면이다. 출발점은 있지만 도착지점이 없는 게임이다. 누구든 먼저 포기하고 출발점으로 되돌아가게 되면 지는 게임이다. 그런데 매번 열성인자를 타고난 빈센트_에단호크가 승리를 거머쥔다. 심지어 물에 빠져 목숨을 잃을 위기에 처한 동생의 목숨을 구해내기도 한다. 선천적으로 심장이 약한 형과의 대결에서 매번 패배를 거듭하는 동생은 이를 도저히 이해할 수도 받아들일 수도 없다. 그러나 어떻게 이 모든 것이 가능할 수 있느냐는 동생의 물음에 빈센트는 이렇게 대답한다.

"나는 되돌아갈 힘을 남겨두지 않아."

내가 포기하는 그 순간이 바로 나의 한계점이 된다. 열심히 했다는 말로 스스로를 위로하지 말자. 포기하지 않고 최선을 다했을 때 실패도 절망도 고통도 위로받을 수 있는 것이다.

처칠은 옥스퍼드 대학 졸업식 축사에서 무려 7번의 같은 말을 반복했다.

"Never give up!"

10

이직을 고민한다면
반드시 알아두어야 할 것

경력직원이 또다시 짐을 싸는 이유

100인 이상 규모의 기업 신규인력 채용 중 약 40%가 경력직이다.[6] 앞으로도 경력직 채용의 비율을 높게 가져갈 계획이라고 응답한 기업은 절반이 넘는다. 이는 경력직원이 신입사원과는 달리 즉시 전력으로서 활용도가 높기 때문이다. 우리는 왜 경력직을 채용하는가? 첫 번째, 앞서 언급한 바와 같이 즉시 전력으로서의 가치가 있다. 쉽게 말해 기존 인력의 이탈로 인한 업무공백을 최소화할 수 있다. 두 번째, 조직에 신선한 자극과 충격을 주기 위함이다. 동질적인 집단은 구성원들이 잘하는 일에는 뛰어나지만 다른 대안을 탐색하는 능력은 부족하다. 따라서 현명한 조직을 만들기 위해서는 비록 경험이 부족하고 덜 유능한 사람이라도 새 구성원을 포함시키는 것이 좋다. 조직이론가 제임스 마치_James Gardner March는 '진정한 효과는 다양성에서

---

6) 〈경력 입사자의 전략적 관리방안〉, 삼성경제연구소, 2013.

나온다'고 이야기했다. 세 번째, 신규사업 확장 등으로 인해 외부 전
문 인력이 필요한 경우다. 조직 내에서 전문가를 찾기 어려울 때 외
부에서 긴급 수혈을 하는 것이다. 그러나 문제는 경력직원과 조직의
기대치가 늘 일치하지 않는다는 점이다. 조직 입장에서 경력직을 뽑
는 이유는 대부분 첫 번째인 경우가 많다. 채용 과정에서 지원자에
게 어떤 방식으로 포지션과 기대역할에 관해서 설명하는지는 모르겠
지만 결국 핵심은 빈자리 채우기인 경우가 많다는 것이다. 이에 반해
경력직원들은 두 번째 혹은 세 번째 이유를 기대하고 입사를 결정한
다. 직무전문가로서 역량을 발휘하고 조직에 새로운 활력과 에너지
를 불어넣는 능력 있는 직원으로 인정받길 원한다. 이러한 욕구가 충
족되지 않으면 경력직원은 또다시 이직을 선택한다.

　어떻게 하면 이들을 붙잡아둘 수 있을까? 두 가지가 필요하다. 업
무 유관성과 자기효능감[7]을 높이는 것이다. 경력직은 스스로를 용병
이라 생각한다. 기존의 직원들이 줄 수 없는 특별한 가치를 제공하는
것이 본인들의 존재의 이유라고 생각한다. 조직은 이러한 경력직원
들의 욕구를 적절하게 충족시켜주어야 한다. 경력에 부합하는 업무
를 부여하고, 비교적 단기간에 성취 가능한 일을 우선적으로 배분한
다. 권한위임을 통해 스스로 업무를 통제할 수 있도록 하고, 필요하다
면 개인 역량을 뽐낼 수 있는 기회를 제공하는 것도 좋다.

---

7) 자신이 어떤 일을 성공적으로 수행할 수 있는 능력이 있다고 믿는 기대와 신념.

한 직장에 오래 있는 것이 미덕인 시대는 지났다. 물론 여전히 그것을 미덕으로 여기는 회사는 존재하지만 평생직장의 개념은 이전보다 많이 퇴색되어 가고 있다. 되려 적절한 타이밍에 이직을 잘하는 사람을 능력자라고 치켜세우기도 한다. 실제 설문조사에 의하면 이직 시기를 묻는 답변에 입사 2년 이내라는 응답이 50%가 넘었다. 퇴직 관련한 의사결정이 굉장히 빠른 것을 알 수 있다. 1년 미만 퇴사 비율도 10%가 넘는다. 그러나 이직에도 타이밍이 있고 최소한의 체류 연한이 있다. 경력은 짧은데 경력 기술이 이력서 한 장으로는 다 적어 내기 힘든 잡 호퍼_Job-hopper들은 기업에서 환영받기 어렵다. 적어도 한국에서는 그렇다. 실제로 미국인들의 평균 근속연수는 1.8년[8]인 반면에, 한국 대기업 평균 근속은 10.7년[9]에 달한다. 물론 한국 기업 역시 지속적으로 평균근속연수가 줄어드는 추세이긴 하지만 미국과는 여전히 격차가 크다. 이는 조직에서 성과를 내기 위한 여건이 미국과 한국이 서로 다르기 때문이다. 조직에서 성과를 내기 위해서는 다음과 같은 세 가지 조건을 갖춰야 한다. 직무전문성, 비즈니스에 대한 이해, 사람에 대한 이해다. 미국의 경우 직무전문성만 제대로 갖추고 있다면 비즈니스 혹은 관계에 대한 부담은 상대적으로 적다. 시스템과 제도 그리고 조직문화가 이를 뒷받침하기 때문이다. 그러나 한국기업과 같이 집단주의를 기반으로 한 관계 중심의 기업문화 속에서는 사람에 대한 이해에 많은 시간을 허비하게 된다.

업무경험을 경력으로 인정받기 위해서는 최소한의 시간이 필요하다. 개인적으로는 그 기간을 대략 3년 정도로 보고 있다. 물론 업종과

---

8) Business insider, 2018.
9) 인크루트, 2018.

개인의 역량에 따라 차이는 있을 수 있다. 실제로 취업포털 〈사람인〉 설문 결과에 따르면 기업 인사 담당자의 41.8%가 3년 차의 경력직원을 가장 선호한다고 응답하였고, 최소 근속연수에 대한 조건도 3년이라는 응답이 42.3%로 가장 높았다. 특히 직무전문성이 뒷받침되지 않는 신입의 경우는 더욱 그렇다. 신입사원의 수습기간을 3개월에서 6개월까지 두는 이유도, 승진 주기가 3년에서 5년 사이인 것도 나름의 이유가 있다. 이직을 희망한다면 한 회사에서 최소 3년 이상의 경력을 쌓은 이후에 고민해볼 것을 제안한다.

대부분은 이직을 고민할 때 아래의 세 가지 요소를 중점적으로 고려한다.

1. 연봉

노동자에게 가장 중요한 것은 일에 대한 보상이다. 그 보상의 수준에 따라 나의 몸값이 결정되고 내가 한 일의 가치가 평가된다.

2. 조직문화

특히 '일과 삶의 균형'이라는 관점에서 조직문화를 바라본다. 주로 수직적 조직문화와 야근에 치여 자신의 삶을 잘 돌아보지 못한 직장인들이 눈여겨보는 요소다.

3. 경력개발

직장인이 아닌 직업인으로 성장하길 희망한다면 매우 중요한 요소다. 회사는 월급만 주는 것이 아니라 개인이 일을 통해 직무전문가로 성장할 수 있도록 양질의 직업적 기회를 제공해주기도 한다.

우리는 일반적으로 위의 세 가지 기준으로 현 조직을 평가한다. 그리고 자신이 우선하는 가치가 충족되지 않을 경우 이직을 결심한다. 그런데 가치의 우선순위는 자신이 처한 상황에 따라 얼마든지 달라질 수 있다. 가치에 우열이 있는 것은 아니므로 특정 가치를 고집할 이유도 없다. 다만 직장 초년생들은 연봉보다는 경력개발이라는 가치를 선택할 것을 권한다. 직무전문성을 잘 갖추고 있으면 금전적인 보상은 자연스럽게 따라온다. 그러나 경력 초반에 돈만 좇으면 회사라는 간판을 떼어냈을 때 직업인이 아닌 백수가 되기 십상이다. 물론 둘 다 보장이 된다면 금상첨화(錦上添花)일 것이다. 그러나 그런 경우는 드물다.

『이직의 패러독스』의 저자는 후회하지 않는 이직을 위해 다음과 같이 다섯 가지 질문을 던져보라고 제안한다.

1. 당신은 충분히 냉정한가?

충동적으로 이직을 결정하는 것은 아닌지 돌아보라는 의미다.

2. 당신이 싫어하는 것 말고 원하는 것이 무엇인지 알고 있는가?

특별히 하고 싶은 것이 있어서가 아니라 그저 현재의 직장이 싫어서 그런 것은 아닌지 돌아보라는 의미다.

3. 이직은 당신 스스로 원한 것이 맞는가?

타인의 의견에 휩쓸려서 내가 원하지도 않은 결정을 내리는 것은 아닌지 돌아보라는 의미다.

4. 당신이라는 상품과 당신을 살 고객을 알고 있는가?

자신의 시장가치에 대한 냉정한 평가를 하고 있는지 돌아보라는 의미다.

5. 해볼 만큼 해보았는가?

이직이라는 선택을 하기 이전에 현재 내가 몸담고 있는 조직 안에서 변화의 여지는 없는지 그 안에서 내가 바라고 원하는 것을 얻을 수는 없는지 먼저 살펴보자는 것이다.

개인적으로는 다섯 번째 질문이 가장 중요하다고 생각한다. 아무리 따지고 재고 고민해서 이직을 했더라도 100% 만족스러운 회사는 없다. 겉으로 드러난 모습과 실제 내부 속사정이 다른 회사들이 많다. 각자 나름 합리적인 선택을 했다고 믿고 싶겠지만 현실은 그 반대일 가능성이 높다. 따라서 이직에 대한 고민은 현 조직에서 최대한 해답을 찾으려는 노력을 한 이후에 해도 늦지 않다. 물론 그 판단은 온전히 개인의 몫이다.

마윈은 알리바바라는 회사를 창업하여 세계적인 부호의 반열에 올라섰다. 하지만 그를 잘 알지 못하는 사람들은 그의 성공에 대해 의문을 품기도 한다. 그는 본래 평범한 사람이지만 시대의 흐름과 운때를 잘 맞춰 성공할 수 있었다고 생각하는 것이다. 실제로 많은 사람이 마윈의 성공사례를 들어 '마윈도 하는데 당신이라고 못할 것이 있습니까?', '당신도 성공할 수 있습니다!'라고 이야기한다. 그렇다면 마윈은 정말 운이 좋았던 사람일까?

마윈의 성공에 운이 크게 작용하였다고 생각하는 데는 그만한 이유가 있다.

1. 마윈의 스펙

마윈은 세계적인 부호들과 깊은 친분을 맺고 있다. 그들은 대부분 화려한 배경을 자랑한다. 빌 게이츠는 비록 중퇴하긴 했지만 하버드 법대에서 공부했었고, 엘론 머스크는 펜실베이니아, 스탠퍼드에서 워런 버핏은 와튼스쿨을 졸업하고 컬럼비아 대학원에서 학위를 받았다. 이에 비해 마윈의 스펙이라는 것은 특별히 언급할 만한 것이 없다. 고등학교 입시에서 재수했고 대학도 두 번이나 떨어졌다. 3수 끝에 비로소 항주 사범대에 입학할 수 있었다.

2. 왜소하고 볼품없는 외모

실제로 그가 외모 때문에 겪었던 일화가 있다. 생계를 위해 아르바이트 자리에 지원했던 마윈은 보기 좋게 낙방한다. 사실 면접은 형식적인 절차였고 마윈을 제외한 다른 지원자들은 모두 합격했다. 그런데 그가 빌 게이츠, 워런 버핏 등과 같은 세계적인 유명인사들과 견줄 만큼 성공하니 사람들은 그의 성공을 포장하기에 바쁘다. '우리 같은 **평범한 사람들도 얼마든지 마윈처럼 성공할 수 있다!**' 그러니 '꿈과 희망을 가져라!', '용기를 잃지 말아라!'라고 외치는 것이다. 그러나 스펙이나 외모는 성공의 필요조건이 될 수는 있지만 충분조건은 아니다. 앞서 직장인의 성공방정식에서 언급하였듯이 스펙이나 외모는 되려 '운'에 가깝다. 그런 의미에서 '마윈'은 운이 좋았던 사람은 아니다. 그렇다면 '마윈'의 진짜 성공 비결은 무엇인가? 비범함이란 평범한 것을 꾸준히 지속하는 것을 의미한다. 마윈에겐 비범함이 있었다. 엘론 머스크나 손정의 같은 사람들도 마윈과 크게 다르지 않았다. 그들을 성공으로 이끈 것은 단순히 스펙이나 외모가 아니었다. 이러한 관점에서 마윈은 분명 비범하고 특별한 사람이었다.

사실 그의 사업은 생각처럼 순탄치 못했다. 실리콘밸리에 연구소를 세웠다가 투자금을 날려버리기도 했고 야후 차이나를 무리하게 인수했다가 포기하기도 했다. 지금의 알리바바를 정상 궤도에 올리기까지 수많은 좌절과 실패가 있었다. 만일 그가 그저 그런 평범한 사람이었다면 진작에 포기했을 일들이었다. 하지만 그는 실패를 성공을 위한 과정이라 믿었다.

> 느지막이 일어나 제대로 씻지도 못하고 출근길에 나선다. 허겁지겁 뛰어 들어간 사무실. 출근 도장 찍었으니 이제 한숨 돌리려 한다. 커피 한 잔의 여유를 즐기고 여기저기 인터넷 서핑을 하다 보면 오전 반나절이 지난다. 오후 무렵 마감에 쫓긴 긴급한 업무들을 처리하려니 졸음이 밀려든다. 잠시 졸다 커피 한 잔으로 다시 힘을 내본다. 그렇게 꾸역꾸역 일과를 마무리한다. 집으로 돌아오는 길 내내 스마트폰을 만지작거린다. SNS를 통해 비친 화려한 타인의 삶이 그저 부럽기만 하다. 씻기도 귀찮아 옷만 갈아입고 TV 앞에 앉아 저녁을 먹는다. 그리곤 새벽 1~2시가 되어서야 피곤함에 겨우 잠이 든다.

이런 하루가 반복된 삶은 어떠할까? 20~30대에는 하루하루 내일만 기약하다 허송세월하고, 40~50대가 되어서는 뒤늦게 나를 돌아보고자 하지만 그 방법을 잘 모른다. 60대가 되어서야 비로소 나도 주변도 돌아보게 되지만 주변에 남아 있는 사람은 아무도 없다. 돈도 친구도 가족도 모두 멀게만 느껴질 뿐이다.

내가 원하는 삶을 살기 위해서는 오늘 하루부터 충실하게 살아야 한다. 남들과 다른 삶을 살기 원한다면 다르게 행동해야 한다. 작가가 되고자 하는 꿈이 있다면 처음부터 거창한 계획을 세울 필요는 없다. 가장 먼저 할 일은 TV 전원을 끄고 스마트폰 대신 책을 집어 드는 것이다. 그리고 꾸준히 읽고 쓰면 된다. 성공한 사람들의 하루는 결코 특별하지 않다. 하지만 그들의 삶은 특별하다. 사는 대로 생각하지 않고, 생각하는 대로 살기 때문이다. 세상에 공짜는 없다. 평범한 사람이 비범한 결과를 내리라 기대하는 것은 욕심이다. 비범한 사람이 되고자 한다면 비범하게 행동해야 한다. 그렇지 않으면 우리는 결코 '마윈'처럼 될 수 없을 것이다.

PART

04

리더십에 대한
불안감이 있을 때

리더가 된다는 것

리더에 대한 오해

이제 리더가 되었으니 새사람이 되어보겠노라고 다짐하는 이들이 있다. 이는 리더에 대해 잘못 이해하고 있는 것이다. 리더와 팀원의 차이는 능력, 직급, 직책, 품성 등에 있지 않다. 역할의 차이일 뿐이다. 리더가 되었다고 다른 사람이 될 필요는 없다. 되려 제대로 된 리더십을 발휘하기 위해서는 반드시 나만의 독자적인 리더십 스타일을 확보해야 한다. 『리더십의 철학』 저자인 이치조 가즈오는 이를 '오센틱(Authentic) 리더십'이라고 이야기했다. 나다움을 잃지 않는 리더십이 진짜 리더십이라는 것이다.

팀장 보임 이전에 가장 많이 들었던 이야기는 '팀장이 되면 뭐가 좋아질 것 같아요?', '팀장이 되면 책임질 일이 많아지고 피곤해지잖아요. 저는 차라리 선임으로 오래 있고 싶어요'라는 이야기였다.

막상 팀장이 되고 보니 크게 두 가지가 달라졌다.

1. 정당성 확보

팀원 수준에서의 책임과 권한에는 분명히 한계가 있다. 후배직원과 함께 일을 꾸려 나가더라도 평가 권한이 없는 사람이 업무를 조율하고 때로는 지시를 내리기는 쉽지 않다. 타 부서의 도움을 얻고자 할 때도 제도 혹은 시스템이 잘 갖추어지지 않은 회사에서는 개인 네트워킹에 의존할 수밖에 없다. 그런데 팀장이 되면 타 부서의 협조를 구하고 일을 풀어나가는 것이 한결 수월해진다. 업무지시 혹은 협조 요청에 정당성이라는 힘이 실리기 때문이다. 이제까지는 밑그림에 색칠 공부만 해왔다면 이제는 내가 직접 스케치를 할 기회가 주어진다.

2. 관점과 지평의 차이

두 사람이 같은 산을 오르더라도 50m에 서 있는 사람과 100m 높이에 서 있는 사람이 보는 시야는 분명 다르다. 팀장이 되면 정보 접근 권한이 높아진다. 팀원 때는 알기 어려웠던 정보들을 얻을 수 있게 된다. 취급 가능한 정보의 양적, 질적 변화로 인해 자연스레 지평이 넓어진다. 팀원일 때는 이해할 수 없었던 일들이 팀장이 되고 나니 이면에 가려진 나름의 가치와 의미를 발견하게 된다. '내가 팀장만 되면 말이야!'라고 말은 하지만 막상 칼자루가 쥐어지면 쉽게 휘

두르지 못하고 조심스러워지는 것은 바로 이 때문이다.

　'자리가 사람을 만든다'라는 말이 있다. 리더라는 자리는 분명 개인의 성장과 발전에 큰 도움이 된다. 다만 미리 준비하지 않으면 팀원도 리더에게도 아픈 상처를 남길 수 있다.

리더가 되면 분명 달라지는 것들이 있다. 그러나 변하지 말아야 할 것도 있다.

전 핀란드 대통령 타르야 할로넨의 이야기다. 2000년 제11대 핀란드 대통령으로 당선된 그녀는 그 이후로 약 12년간 대통령으로서 국정을 수행한다. 놀라운 사실은 그녀의 지지율이다. 재임 기간 중의 지지율은 90%를 상회했고, 퇴임 당시 그녀의 지지율은 80%를 웃돌았다. 한국 전임 대통령들의 사례처럼 초반에는 높은 수치를 기록했다가 퇴임 무렵에 반 토막이 나는 것과는 판이하게 대비되는 모습이다. 어떻게 이런 일이 가능했을까?

2002년 김대중 대통령의 초청으로 한국에 머무를 때의 일화다. 보통 대통령이 국빈으로 방문하게 되면 각종 편의시설을 제공하게 되어 있다. 전담 경호원은 물론 미용사도 따라붙는 것이 통상적인 관례로 알려져 있다. 그러나 그녀는 이 모든 것을 거절했다. 공식 일정 이외에는 쇼핑, 스포츠 활동 등 일반 시민들과 다름없는 소탈한 모습을 보여주었다. 이는 본국인 핀란드에서도 마찬가지였다. 이런 그녀의 평범하고 소박한 삶에 국민들은 열광했다.

핀란드 국민들이 그녀에 관해 이야기할 때 공통으로 하는 이야기가 있다고 한다. '국민들을 먼저 생각하는 따뜻하고 좋은 사람이며, 우리와 다르지 않다는 것'이다. 물론 사람의 마음을 얻는 것과 정치가로서 일을 잘하는 것은 조금 다르게 볼 문제다. 그러나 정치를 잘하기 위해서 혹은 일을 잘하기 위해서 조직원들의 마음을 얻는 것이 매우 중요한 것은 분명하다.

일반적으로 리더의 자리에 올라서면 책임과 의무보다는 자신에게 주어지는 혜택 혹은 이익을 먼저 생각하게 된다. 그러나 그녀는 본인의 소탈한 삶에 대해 이렇게 이야기한다.

> "지금 삶의 방식을 유지하는 것이 대통령 퇴임 이후 삶의 적응에 도움이 될
> 거라고 생각합니다."

리더의 자리 역시 위와 비슷한 관점으로 보면 어떨까 싶다. 잠시 맡은 자리 혹은 역할이라고 생각한다면 내려놓을 때의 모습도 고민하게 될 것이다. 리더는 감투를 쓰는 자리가 아니다. 조직원들을 대표하는 사람이다. 피라미드 탑 쌓기처럼 조직원들을 밟고 맨 위에 올라서는 사람이 아니다. 조직원들을 하나로 묶는 역할을 하는 사람이다. 역할은 달라질 수 있어도 조직원들을 대하는 마음과 태도마저 변하면 곤란하다. 리더가 되면 달라지는 혹은 달라져야 할 부분도 있지만 그것이 특권이 되어서는 안 된다. 리더로서의 출발은 여기서부터 시작한다.

리더의 권위는
어디에서 오는가

따르게 만드는 리더가 될 것인가, 끌고 가는 리더가 될 것인가? 직급과 직책으로 누르던 시대는 지났다. 리더십을 연구하는 존 프렌치_John French와 버트램 레이븐_Bertram Raven은 권력의 근거를 아래의 다섯 가지로 구분하여 정의하였다. 크게는 직위 권력_Position Power[1]과 개인의 매력_Personal Power에서 기인하는 권력으로 나뉜다. 먼저 자리에 의한 권력은 합법성, 보상력, 강압력이 있다. 합법성은 지위 혹은 직책 등의 자리에서 오는 힘을 의미하고, 보상력은 보상 및 편의를 제공할 수 있는 힘을 의미한다. 강압력은 처벌을 가할 수 있는 권위에서

---

1) 리더가 갖고 있는 직위에 집단 구성원들을 지도, 평가, 보상할 수 있는 권한이 주어진 정도를 의미한다. 즉, 직위 권력은 그 직위에 있는 사람의 개인적 특성과는 관계없이, 직위 자체로 인해 부여받는 권한을 의미한다.

오는 힘을 의미한다. 개인의 매력에 의한 권력은 전문성과 준거력이 있다. 전문성은 전문지식, 정보, 기술에서 나오는 힘을 의미하고 준거력은 닮고 싶은 개인적 매력에서 나오는 힘을 의미한다. 이전에는 주로 지위나 직책 그리고 보상 또는 페널티를 부과할 수 있는 힘에 의한 권위가 주요한 영향력을 미쳤다. 그러나 이제는 개인의 매력에 의한 권위가 필요한 시대가 되었다. 앞서 언급한 핀란드 대통령 할로넨의 사례처럼 퍼스널 파워는 자리나 지위를 잃어도 그 영향력이 지속된다.

직위 권력을 활용할수록 특권 의식을 내려놓기 어렵다. 내가 리더로서 가진 힘과 권한은 오롯이 일에서 성과를 내기 위한 도구로만 활용되어야 한다. 그렇다면 직위 권력이 아닌 퍼스널 파워 리더십을 발휘하는 사람들은 어떤 모습일까? 단순히 착한 성품만을 의미하는 것이라면 존경받는 리더가 되기 위한 조건으로는 조금 부족해보인다. 이보다는 직업인으로서의 소명의식, 명확한 비전 제시 및 목표설정 그리고 신뢰가 필요하다. 직원들이 자발적으로 일을 통해 성과를 낼 수 있는 환경과 분위기를 만들어주고 지속해서 동기 부여해야 한다. 직원들이 출근하고 싶은 마음이 들도록 조직을 운영하고 이끌어야 한다. 각자의 위치에서 어떻게 하면 직원들이 스트레스를 받지 않고 본인의 업무에 집중하고 성과를 낼 수 있을지 고민해야 한다. 구글이나 제니퍼소프트와 같은 회사들은 직원들의 복지에 많은 관심을 가지고 있다.

사내 어린이집을 설치하고, 의료서비스를 제공하고, 삼시 세끼를 해결할 수 있도록 많은 편의서비스를 제공하고 있다. 그 이유는 직원들이 오롯이 자신의 일에 집중할 수 있도록 스트레스 요인이 될 만한 요소들은 모두 제거하기 위해서다. 거창한 일이 아니더라도 리더로서 내가 직원들을 위해 할 수 있는 일이 무엇인지 생각해보자. 직원들이 스트레스 받을 수 있는 요인과 환경들이 무엇인지 찾아내고 이를 제거하려는 노력을 하다 보면 자연스레 리더로서의 권위도 따를 것이라 믿는다.

1. 나의 리더십부터 점검하자

사람을 관리하지 말고, 일을 관리해야 한다. 사람을 관리하려 들면 통제, 복종, 명령 등을 하게 되어 있다.

2. 좋은 사람이 곧 좋은 리더는 아니다

리더십은 인기투표가 아니다. 좋은 사람이 되기보다 좋은 본보기가 되는 리더가 되어야 한다.

3. 다른 사람의 손을 빌리는 방법을 고민하자

기능을 알아야 활용법도 의미가 있다. 조직원 각각의 개인 역량과 업무경험을 파악하고 이에 맞는 업무분장 및 동기부여를 해야 한다.

4. 리더는 나누는 사람이다

성과에 대한 책임은 리더에게 있지만, 나눔은 조직원들에게 있다.

5. 미래의 리더로 대한다

리더는 선발하여 육성하는 것이 아니라, 준비된 사람을 리더의 자리에 올리는 것이다. 조직원의 리더십 육성은 지금부터다.

진정한 리더의 조건

신뢰의 중요성과 구성요소

독일 출신의 미국 정치가이자 정치학자인 헨리 키신저_Henry Alfred Kissinger는 '좋은 리더란 사람들을 그들 스스로 도달할 수 없는 어딘가로 데려다주는 사람이다'라고 했다.

리더는 조직원들에게 선한 영향력을 행사하는 사람이다. 선한 영향력은 신뢰로부터 나온다. 그렇기에 리더십의 핵심은 신뢰라 할 수 있다. 유능한 리더가 되기 위해서는 반드시 신뢰를 쌓아야 한다. 실제로 상사의 신뢰가 직원들의 직무 만족에 유의미한 영향을 미친다는 국내 논문 결과도 있다.[2] 그렇다면 신뢰란 무엇인가? 레이첼 보츠먼은 그의 저서 『신뢰 이동』에서 '신뢰는 아는 것과 모르는 것을 연결해주는 다리다'라고 이야기했다. 『Power at work』의 저자 조 오웬은 신뢰를 구성하

---

2) 〈상급자에 대한 신뢰가 직무만족에 미치는 영향에 관한 연구: 내, 외재적 모티베이션 매개효과를 중심으로〉, 김문겸, 단국대학교사회과학연구소, 2014.

는 요소로 가치_Value, 신용_Credibility 그리고 위험_Risk을 꼽았다. 그리고 신뢰는 가치와 신용의 합을 위험으로 나눈 값이라 설명한다.

신뢰 = (가치 + 신용) / 위험

리더는 조직원들과 공통의 가치를 공유하고 자신의 말과 행동을 일치시키며 공통의 목표를 달성하기 위한 위협요소를 제거함으로써 신뢰를 얻는다는 것이다. 그러나 이 중에서 가장 중요한 것은 신용이다. 가치와 리스크는 리더 개인이 처한 상황에 따라 얼마든지 뒤바뀔 수 있지만 신용은 그렇지 않기 때문이다. 데이비드 데스테노_David Desteno 노이스턴대 심리학 교수는 '신용은 어떤 행위가 쌓여서 매겨진 구체적인 점수이므로 확인이 가능하지만, 신뢰는 확인할 수 없다'라며 신뢰는 움직이는 것이라 주장[3]했다. 역설적이게도 신뢰는 신뢰할 수 없다는 것이다. 실제로 신뢰는 부와 권력 앞에서 쉽게 무너지는 모습을 보인다. 하지만 그는 '단기적으로는 속임수를 쓰는 사람들_신뢰를 저버리는 사람들이 이득을 취할지 몰라도 장기적으로는 정직한 사람들이_신뢰를 지키려는 사람들 승리하게 되어 있다'라고 설명한다. 결국 유능한 리더가 되기 위해서는 정직한 노력으로 꾸준하게 신용을 잘 쌓아야 한다는 말이다.

---

3) '당신도 나도 못 믿을 사람… 신뢰는 움직이는 것', 이코노미조선, 2019.04.19.

그렇다면 신용이 있는 사람은 어떤 사람인가? 일관성 있는 사람이다. 즉, 예측이 가능한 사람이다. 리더는 예측 가능한 사람이어야 한다. 그러자면 업무와 직장 생활에 있어 나름의 원칙과 기준이 있어야 한다. 설사 그 원칙과 기준이 불합리한 것이라 할지라도 그리고 모든 구성원들은 동일하게 그 원칙과 기준을 지켜야 한다. 리더라고 예외가 있어선 안 된다. 그렇지 않으면 직원들은 하루 종일 리더의 감정선만 살피게 된다.

일주일에 두세 번은 자체적인 유연근무제도를 적용하는 리더가 있다. 그런데 평소 지각이란 걸 모르던 직원이 10분 정도 늦게 출근을 한다. 이때를 놓치지 않고 리더는 부하직원을 질책한다.

'늦지 마라!'

혹자는 '리더가 그 정도 말도 못 하나?' 되물을지 모르겠다. 그러나 리더가 애초에 원하는 것이 무엇인지 생각해보자. 부하직원이 지각하지 않는 것이다. 그러나 '늦지 마라'와 같은 '지적'은 단기적 처방으로는 효과가 있을지 몰라도 장기적으로는 마이너스다. 본인도 잘 지키지 않는 것을 직원들에게만 강요한다면 머리로는 이해할 수 있어도 마음으로는 받아들이기 어렵다. 인간의 인지적 오류 중에 '행위자-관찰자 편향_actor-observer attribution bias'[4] 오류가 있다. 자신의 행동을 살필 때는 외부적인 상황 요인을 근거로 삼고, 타인의 행동을 설명할 때는 그의 성품과 성향과 같은 내적인 요소들을 근거로 삼는 것을 의미한다. 쉽게 이야기하면 내가 지각하는 이유는 버스나 지하철

---

4) 행위자가 자신의 행동을 귀인할 때와, 타인의 행동을 관찰자로서 귀인할 때에 차별적인 경향을 보이는 귀인오류.

이 고장 나서 어쩔 수 없이 늦은 것이고, 다른 사람이 지각하는 것은 그 사람이 본디 게을러서 그런 것이라고 판단하는 것이다.

어느 날 간디의 집에 한 모자가 찾아왔다.

"죄송한데 저희 아들에게 사탕을 먹지 말라고 이야기 좀 해주실 수 있나요? 아들이 도통 제 말은 듣지 않아서요."

이에 간디는

"괜찮으시면 6개월 후에 저를 다시 찾아주시겠어요?"

라고 대답한다.

간디의 대답이 다소 실망스러웠지만 나름의 사정이 있을 것이라 믿고 6개월 후에 다시 간디를 찾는다. 6개월 만에 만난 간디는 아이에게 다음과 같이 이야기했다.

"사탕을 많이 먹지 말아라. 많이 먹게 되면 몸에 해롭단다."

6개월을 기다린 대답치고는 너무도 짧았던 간디의 말에 아이 엄마는 되묻는다.

"이 정도의 이야기를 해주실 거면 6개월 전에 해주셨어도 되지 않았나요? 굳이 6개월씩이나 기다려야 할 필요가 있었나요?"

그러자 간디는 엷은 미소를 띠며 이야기한다.

"지난번에 오셨을 때는 저도 사탕을 많이 먹고 있었습니다. 그래서 아이에게 사탕을 많이 먹지 말라고 이야기할 수가 없었습니다. 그런데 지금은 제가 사탕을 먹지 않고 있거든요."

요즘 직장인들은 이전 세대보다 공정성에 더욱 민감하다. 공정하게 기회를 부여받고 또 평가받기를 바란다. '공정성 이론_equity theory'[5]에 따르면 A라는 사람이 1만큼의 노력으로 1만큼의 결과를 얻었다면 나 역시도 1만큼의 노력으로 적어도 1만큼의 결과를 얻기를 기대한다. 자신의 투입에 대한 결과의 비율을 동일한 직무 상황에 있는 비교 대상의 투입 대 결과의 비율과 비교하여 자신의 행동을 결정하게 된다는 것이다. 직원들은 공정하지 못한 상황을 벗어나기 위해 선택을 하게 된다. 예를 들어 일에 투입하는 노력과 정성을 줄이거나 극단적으로는 이직을 결심할 수도 있다. 그렇다면 리더의 투입은 0.5가 아니라 직원들과 동일한 1이 되어야 한다. 다시 말해, 지각하는 팀원을 질책하기에 앞서 내가 먼저 지각을 하지 않는 모습을 보여주어야 한다는 것이다.

미국 심리학자 고든 갤럽은 사방이 거울로 된 특별한 방을 제작하여 오랑우탄이 사회적으로 어떤 방식으로 상호작용을 하는지 실험하고자 하였다. 먼저 온순한 성격을 가진 오랑우탄을 방에 들여보냈다. 거울에 비친 자신의 모습을 보며 인사도 하고 즐거운 표정을 지었다. 실험이 종료될 무렵에는 거울 속 친구들과 헤어지는 것을 무척이나 서운해하는 모습까지 보였다. 반대로 두 번째 실험 대상은 난폭한 성격의 오랑우탄이었다. 그는 방 안에 들어서자마자 거울 속에 비친 오랑우탄을 향해 매우 공격적인 모습을 보였다. 3일 후 실험을 종료할 무렵에는 공격적인 행동을 못 이겨 결국 죽은 채로 밖으로 끌려 나오게 되었다.

---

5) 노력과 직무만족은 업무상황의 지각된 공정성에 의해서 결정된다고 보는 애덤스(J.Stacy. Adams)의 이론.

우리가 상대를 대하는 태도에 따라 상대의 태도 또한 달라진다. 리더로서 팀원들에게 기대하는 바가 있다면 내가 먼저 그렇게 행동하고 보여주어야 한다. 그러면 자연스레 팀원늘은 따라오게 되어 있다.

04

리더, 힘들다고 말할 자격 없다

'직장 상사와 나, 둘 중에 누가 더 힘들까?'

팀원 시절에 자주 했던 질문이다. '그래, 우리 직장 상사는 윗사람들 눈치도 보고 또 부하직원들 챙기느라 힘들 거야', '책임질 일이 많으니 얼마나 스트레스를 받을까'라고 자기 위안을 했던 경험이 있다. 그런데 결론부터 이야기하자면 직급과 직책이 높을수록 스트레스를 덜 받는다. 상위 직급으로 올라갈수록 스트레스를 상쇄할 만한 요소들도 함께 증가하므로 스트레스의 총량은 더 적어진다. 사이먼 사이넥은 그의 저서 『리더는 마지막에 먹는다』에서 직위와 스트레스에 관련한 몇 가지 연구 결과를 소개하고 있다. 이에 따르면 스트레스의 주요 원인은 '자신의 직무에 따르는 책임과 부담이 아니라 직원들 각자가 자신의 의지대로 일을 할 수 있는 권한의 정도'라고 했다. 그리고 런던 공중보건 연구진의 보고서에 따르면 '직위가 높을수록 낮은 직급보다 더 오래 살 것으로 기대된다'라고 이야기한다. 실제로 말단 직원은 최상위 임원보다 조기 사망률이 4배나 높았으며, 권한이 작은 직무 종사자는 정신질환을 앓을 확률도 높았다고 한다.[6] 물론 국가별, 조직별, 개인별 편차를 고려할 필요는 있겠지만 대체적으로는 이에 동의한다.

주니어 시절에는 주로 서포터로서의 역할을 하고, 조직이나 직무에 대한 정보가 충분하지 않아 역할 모호성[7]을 높게 지각한다. 그런데 역할 모호성을 높게 지각하는 사람일수록 낮은 수준의 직무 만족을 경험하고 직무에 대한 스트레스가 높게 측정이 된다. 반면에 리더는 대체로 역할 모호성이 낮고, 업무 자율성이 높은 사람들이다. 이처럼 자기통제력[8]이 높은 사람일수록 자긍심과 일에 대한 보람이라는 긍정적 에너지가 스트레스를 상쇄시킨다. 사람들이 기를 쓰고 높은 자리에 올라가려는 이유는 단순히 높은 연봉과 사회적 지위 때문만은 아니다. 그 이면에는 '하고 싶은 일을 주도적이고 자율적으로 하고 싶다'라는 욕망이 자리 잡고 있기 때문이다. 그래서 권한 위임은 매우 중요한 리더십 이슈 중 하나다. 물론 직급과 연차에 따라 권한 위임의 정도와 형태는 달라져야 한다. 예를 들어 신입직원에게는 권한위임보다 지시적 리더십을 발휘하는 것이 훨씬 효과적이다.

그런데도 권한 위임이 어려운 이유는 권한 위임을 자신의 힘과 권력을 나누는 것이라 오해하기 때문이다. 그러나 권한 위임은 자신의 권한을 타인에게 이양하거나 공유하는 것이 아니다. 리더는 다른 사람의 손을 빌려 성과를 내는 사람이라고 했다. 이는 부하직원을 꼭두각시 인형처럼 다루라는 의미가 아니다. 이제는 그 인형들에게 '권한과 책임'이라는 생명을 불어넣어야 한다. 그전까지 리더, 당신은 힘들다고 말할 자격이 없다.

---

6) 〈리더는 마지막에 먹는다〉, 사이먼 사이넥, 36.5, 2014.
7) 역할기대나 역할수행 방법, 역할수행의 결과를 개인이 예측하지 못하는 상태.
8) 외부의 개입이나 지시가 없는 상황에서 원하는 목표를 달성하기 위해 자신의 행동을 조절하는 힘.

05

리더가 흔히 착각하는 것들

성과를 내기 어려운 이유

'받은 만큼 일하자!'
'일과 삶의 균형을 찾자!'
'주말이 있는 삶을 보장받자!'

 우리는 위와 같은 문제의 원인을 주로 폐쇄적인 기업문화와 낡은 리더십에서 찾는다. 일리가 있다. 그러나 사실 근본적인 원인은 한국 기업의 일과 성과관리에 관한 구조적인 모순에 있다. 우리가 주인의식을 가질 수 없는 이유는 무엇일까? 물론 우리가 회사의 실질적인 오너가 아닌 것도 있지만 무엇보다 업무 주도권을 확보하고 있지 못하기 때문이다. 극단적으로 이야기하자면 내 일이 아니기 때문이다. 이는 우리가 직책을 역할이 아닌 계급의 관점으로 보기 때문이다. 계급의 관점에서 보면 팀원, 팀장, 임원이 모두 같은 일을 할 수밖에 없다. 팀원은 팀장의 피드백을 받아야 하고 팀장은 해당 부서의 임원에게 피드백을 받아야 한다. 결국 모두가 똑같은 일을 붙잡고 있는 것이다. 일의 효율성만 놓고 보자면 팀원이 임원에게 직접 보고하는 것이 합리적이지 않을까? 재미있는 것은 임원 역시 일의 오너십과 책임을 결국 경영자의 몫이라 생각한다는 것이다. 대한민국에서 성과평가라는 말이 여전히 어색한 이유는 바로 이 때문이다. 결국 꼭짓점에는 경영자만 남아 있고, 진정한 성과평가는 경영자만이 가능하다고도 할 수 있다.

업적이란 내가 '최선을 다한 일 중에서 잘한 것'이고, 실적이란 내가 '최선을 다해 일한 것들을 수치화한 것'이다.

반면에 성과란 '계획하고 의도한 일들의 달성 결과'다. 그러나 우리는 사실 스스로 일을 계획한 적이 없다. 위에서 내린 전략의 방향성과 업무 지침에 맞춰 업무 일정을 세웠을 뿐이다. 그래서 우리는 성과보다는 업적 혹은 실적에 대한 평가를 받고 있다고 볼 수 있다.

팀원이 해야 할 일과 팀장이 해야 할 일 그리고 임원이 해야 할 일은 엄연히 다르다. 직책을 역할의 차이로 인정해야 비로소 권한 위임이 가능하고, 책임의식이 온전하게 발현될 수 있다. 다만 안타깝게도 대한민국의 기업들과 리더들이 그리고 미래의 리더가 될 우리들이 그럴 만한 리더십을 갖추고 있지 못하다는 것이다.

아이러니하게도 갈등은 선의(善意), 즉 선한 의도에서 비롯하는 경우가 많다. 특히 상사와 부하직원, 부모와 자녀 간의 관계처럼 지식과 경험에서 많은 차이가 있는 경우에는 더욱더 그렇다. 보통 상사들이 부하직원에게 상처를 주는 행동이나 말을 할 때는 다음과 같은 이야기들을 한다.

> '다 너를 생각해서 하는 말인데.'
> '나 정도나 되니깐 너한테 이런 말을 해주는 거야.'
> '내 마음 알지?'

갑작스러운 회식 소집 혹은 면담, 일과 시간 이후의 카톡 등도 뜯어보면 선한 의도에서 비롯하는 경우가 많다. 그러나 팀의 화합과 성과 창출이라는 선한 의도는 알겠지만, 회식을 통해서만 이를 해결하고자 하는 것은 동의하기 어렵다. 일을 꼼꼼히 챙기는 것은 좋지만 방법이 꼭 일과 이후의 카톡일 필요는 없다. 휴일에 일하라는 의도로 메일을 보낸 것이 아니겠지만, 일단 메일을 열어본 순간 이미 머릿속은 온통 일 생각뿐이다.

자신의 선한 의도만 믿고 표현과 전달 방식에는 신경을 쓰지 않는 것은 일종의 도덕적 우월감 때문이다. 그런데 도덕적 우월감에 빠진 사람들일수록 더 부도덕해지기 쉽다는 사실은 알고 있을까? 자신이 옳은 일을 하고 있다는 확신에 차 있을수록 자신의 행동에 무비판적 자세를 취하게 됨으로써 부도덕한 일을 해놓고도 그것을 인지하지 못하는 것이다. 이를 '도덕적 면허효과_moral licensing effect'라고 한다. 선한 의도라며 상대에게 상처 주는 말도 서슴없이 할 수 있는 것은 이 때문이다. 하지만 선한 의도는 올바른 표현방식이 뒤따를 때 선한 결과를 가져온다.

06

당신의 조직은 안전하십니까?

애써 뽑은 직원들이 조직에 잘 정착하지 못하고 이별을 고할 때마다 안타까움을 느낀다. 머리를 맞대고 문제의 원인과 해결방법에 대해 고민을 해보지만, 속 시원한 해결책은 나오질 않고 여전히 찜찜함만 남아 있다.

왜 그들은 결국 '님'이 아닌 '남'을 선택하게 되는 것일까? 직장인들이 쉽게 포기하는 조직의 특징을 살펴보면 그 해답을 찾아낼 수 있을 것이다.

1. 정보를 쉽게 공유하지 않는다

특정 집단 혹은 특정 직급, 직책에서만 정보를 독점한다. 물론 모든 정보가 공유될 필요는 없다. 다만 지나치게 정보의 접근을 제한하다 보면 업무 비효율성, 불필요한 오해 등이 생겨난다. 시스템의 문제라면 다행이지만 조직 문화적인 차원에서 정보의 통제가 이루어지면 이를 개선하는 데 많은 시간과 노력이 필요하다.

경력직으로 입사한 직원들의 경우 유관 부서의 업무협조와 정보공유가 필수적인데, 필요한 정보를 받지 못해 조직 적응에 어려움을 겪는 경우가 많다.

2. 소통이 원활하지 않다

'내가 이 사람에게 이런 말을 해도 되나?'라는 생각을 마음속에 품고서는 제대로 된 소통을 기대하기 어렵다. 이는 세 번째 특징인 실수가 용인되지 않는 조직문화와도 관련이 있다.

3. 실수가 용인되지 않는다

실패한 일의 결과에 대해서 철저하게 응징한다. 재기의 기회가 주어지지 않으므로 쉬운 과제와 단기적인 성과에 매달릴 수밖에 없다. 이런 조직 내에서는 누구도 새로운 일에 도전하거나 기존 업무를 개선하려고 노력하지 않는다.

4. 학연, 지연, 사내정치, 부서 이기주의 등이 만연하다

무리를 지어 자신들의 세력을 규합한다. 자신들이 쌓아놓은 권력과 힘을 더욱 공고히 하고자 제한적으로만 새로운 구성원을 허용하며, 공은 나누고 과는 회피하려 한다.

위의 특징들을 종합 정리해보면 한 가지 단어가 떠오른다. 바로 '안전'이다. 매슬로우의 욕구 이론[9]에 따르면 인간은 생리적 욕구, 안전의 욕구, 인정의 욕구, 자아실현의 욕구 순으로 자신의 욕구를 충족

---

9) 인간의 욕구는 위계적으로 조직되어 있으며 하위 단계의 욕구 충족이 상위 계층 욕구의 발현을 위한 조건이 된다는 매슬로우(Maslow)의 동기 이론.

시켜나간다. 하위의 요소들이 충족되지 못하면 상위의 요소들에 대한 욕구가 발생하지 않는다는 것이다. 이를 조직의 상황에 적용해보면 이렇다. 우리는 이직의 원인에 대해서 처우의 문제, 인정의 욕구, 경력개발에 대한 욕심 등을 주로 이야기하지만 사실 그 이면에는 '안전'이라는 인간의 기본 욕구가 깔려 있음을 간과하고 있다. 학연, 지연이 문제가 될 수 있음에도 이를 선뜻 뿌리치지 못하는 이유는 안전한 울타리가 필요해서다.

가정이나 회사나 집단이 유지될 수 있는 기본원칙과 전제조건은 동일하다. 정보를 차단하고, 서로를 경계하고, 누군가의 실수를 나의 기회로 삼는 조직문화라면 이는 안전한 조직이라 할 수 없다. 개인주의적이고 이기적인 사회 혹은 조직 속에서도 이타심을 발휘해야 하는 이유가 여기에 있다. 이타심은 결국 나를 지키는 일과도 같기 때문이다.

이별을 고하는 이들을 붙잡고 늘어져 봐야 나만 더 초라해진다. 이보다 또 다른 이별을 막기 위해서 리더로서 무엇을 해야 하는지 고민해야 한다.

우리의 조직은 어떠한가? 서로에게 충분한 울타리가 되어주고 있는가? 그렇지 못하다면 우리는 무엇부터 바꿔야 하는가?

07

성공하는 리더의 습관

"나는 책장에서 한 권의 책을 뽑아 읽었다.
그리고 도로 책을 놓아두었다.
그러나 이미 나는 조금 전의 내가 아니었다."

- 앙드레 지드 -

리더십의 출발은 나를 이해하는 것이다. 내가 어떤 사람인지 잘 알지 못하면서 리더십을 이야기하기는 어렵다. 어떻게 하면 나에 대해서 잘 이해할 수 있을까? 명심보감 정기편(正己篇)에 '견인지선(見人之善) 이심기지선(而尋己之善) 견인지악(見人之惡) 이심기지악(而尋己之惡)'이라는 말이 있다. 타인의 선행을 보고 나의 행동에 선함이 있는지를 돌이켜보고, 타인의 악행을 보고 나의 행동에 악함이 있는지를 반성해보라는 의미다. 다시 말해, 타인의 말과 행동에 비추어 나를 돌아보라는 의미다. 그러자면 많은 경험이 필요하다. 그러나 직접 경험만을 통해 성장을 기대하기에는 우리의 삶은 너무도 짧다. 그래서 간접 경험이 필요하고, 독서는 가장 좋은 간접 경험을 제공해준다.

한국인의 연간 독서량은 약 8.7권이다. 2015년 기준 UN 설문결과를 보더라도 한국인의 독서량은 전 세계 192개국 중 166위에 해당한다. 하지만 그 이면을 살펴보면 더 처참하다. 성인 10명 중 9명은 하루에 10분도 독서를 하지 않으며, 4명 중 1명은 1년에 단 한 권의 책도 읽지 않는다고 한다. 이유가 무엇일까? 한국인들은 독서가 중요하지 않다고 생각하는 것일까? 그렇지는 않다. 〈2017 엠브레인 트렌드 모니터 조사〉에 의하면 '한국사회에서 성공하기 위해서는 책을 많이 읽어야 한다'라는 질문에 51.9%가 그렇다고 응답했다. 책을 읽는 사람에 대한 이미지도 긍정적이다. 84.7%가 '책을 읽는 사람은 매력이 있어 보인다'라고 응답하였고 '책을 읽는 사람은 똑똑해 보인다'라고 생각하는 사람도 77.0%에 달했다. 반면 '고지식하고 재미없다'라거나 '괴짜 같다'라는 부정적인 의견은 3~6% 수준에 그쳤다. 그런데도 책을 읽지 않는 사람들은 공통으로 다음과 같은 이야기를 한다. 첫 번째, 시간적인 여유가 없다. 특히 야근과 주말 근무가 일상이 되어 있는 대한민국 직장인들에게 독서는 쉽지 않은 일이다. 두 번째, 독서를 또 다른 일로 접근한다. 독서라는 행위 자체가 목적이 되어버리면 독서는 일이 된다. 나는 어떤 변명을 하고 있는가?

　역사를 뒤바꾼 위인들의 면면을 살펴보면 한 가지 공통점이 있다. 그것은 모두가 독서광이었다는 사실이다. 에이브람 링컨은 '톰 아저씨의 오두막집'을 읽고 노예제도의 모순을 깨달았으며, 세계 부호 순위 1위 빌 게이츠는 '오늘날 나를 만든 것은 동네의 작은 공립 도서관이었다'라고 이야기했다. 오프라 윈프라의 성공스토리는 너무도 잘 알려져 있지만, 독서가 핵심 성공 요인이었다는 사실을 알고 있는 사람은 드물다. 이들은 독서에 대한 열정뿐만 아니라 실제 독서량에서도 일반인들과는 엄청난 차이가 있었다. 나폴레옹은 전쟁터에서도 독서를 하기 위해 1,000권의 책을 싣고 다녔으며, 세종대왕은 지나친 독서로 눈병이 날 정도였다. 에디슨은 미국 미시간주 디트로이트시의 도서관에 있는 모든 책을 읽었으며, 마오쩌둥은 비서관들에게 책 제목을 직어 메모로 남기는 것으로 유명했다.

독서는 우리 삶의 영역을 확장한다. 또 그 안에서 나라는 존재의 의미와 가치를 찾아낼 수 있도록 도움을 준다. 나와 타인을 이해하고, 비즈니스에 대한 통찰력, 문제 해결 능력, 일에 대한 가치와 철학 그리고 신념 등 리더로서 갖추어야 할 역량을 배양하는 데 독서만큼 좋은 스승은 없다.

생각은 글은 쓰는 과정을 통해 더욱더 정교해진다.
리더라면 글을 쓰는 연습을 해야 한다.

Q. 글은 재능 있는 사람들만 쓸 수 있는가?

'꾸준함.' 어떤 일이든 꾸준함이 있다면 일정 부분 성과를 낼 수 있다. 사람들이 결과를 내지 못하는 이유는 능력이 부족해서가 아니라 꾸준하지 못하기 때문이다. 『Grit』의 저자 안젤라 더크워스는 '탁월함의 일상성'으로 이를 설명한다. 재능은 노력을 투입했을 때 변화하는 속도라고 했다. 탁월함은 타고난 재능에서 나오는 것이 아니라 꾸준한 노력에서 비롯된다는 의미다. 개인마다 능력의 차이는 있을 수 있겠지만 꾸준한 노력 여부에 따라 얼마든지 이를 마크업할 수 있다는 의미다. 글쓰기도 마찬가지다.

Q. 그렇다면 글을 잘 쓰기 위해서 어떤 노력을 해야 할까?

글 좀 쓴다 하는 사람들이 공통으로 하는 이야기는 두 가지다.

1. (꾸준히) 많이 읽는다.
2. (꾸준히) 많이 쓴다.

여기서 중요한 것은 '많이'가 아니라 '꾸준함'이다. 사실 읽는 것은 별로 어렵지 않다. 하지만 쓰는 일은 다르다. 스킬의 문제가 아니라 글감의 문제다. 글감을 찾는 일이 생각보다 쉽지가 않다. 혹자는 '아무 글이라도 일단 써보는 것이 중요하다'라고 하지만 개인적인 경험에 비추어볼 때 좋은 방법은 아니다. 막상 생각나는 대로 혹은 내키는 대로 글을 써내려다가 보면, 심지어 나조차도 이해하지 못하는 못난 글이 되어버리고 만다. 운동도 비슷하지 않은가? 정처 없이 길을 걷는 것도 건강에 도움은 되겠지만, 체중감량이나 근육을 단련하려는 특별한 목적이 있다면 무작정 걸어서는 안 된다. 체중감량에 맞는 혹은 벌크업에 맞는 운동 방법을 선택해야 내가 원하는 결과를 얻을 수 있다. 마찬가지로 글을 잘 쓰고 싶다면, '아무 글'이 아니라 먼저 글감을 정하고, 주제 혹은 목적에 맞는 글을 써야 한다.

Q. 어떻게 하면 좋은 글감을 잘 찾아낼 수 있을까?

이는 앞서 언급한 글을 잘 쓰기 위한 두 가지 방법과 동일하다. 다만 '꾸준함'보다는 '많이' 그리고 '다양한' 종류의 글을 읽는 것이 도움이 된다. 책이나 신문 사설도 좋고, 각종 포털사이트에 올라오는 글들도 괜찮다. 이때 글을 그저 읽고 흘려 넘기는 것이 아니라, 글의 내용 중에 내 생각과 일치하는 부분 혹은 반대되는 내용은 없는지 살핀다. 이러한 '비판적 독서'는 생각하는 힘을 기르고 좋은 글을 쓰는 데 도움이 된다.

08

후배직원 잘 키우는 전략

방황하는 후배에게 던져야 할 질문

아끼던 후배직원이 있었다. 팀이 어려운 상황에 있을 때 묵묵히 자기 자리를 지켜주었던 직원이라 늘 고맙게 생각해왔다. 그런데 언제부턴가 그의 표정과 눈빛 그리고 태도가 어딘가 부자연스러워 보였다. 머뭇거리며 보고를 하거나 말끝을 흐리는 등 확실히 자신감이 부족해보였다. 분명 평소와 같지 않던 행동들이었다. 무엇이 문제였던 것일까? 어느 날 임원분께서 조용히 방으로 부르셨다. 평소 후배직원에 대한 고민을 알고 계셨던 터라 다음과 같이 몇 가지 조언을 해주셨다.

1. 대화의 목적을 분명히 하고 상대에게 느낀 감정을 솔직하게 이야기한다

대화의 목적은 내 뜻을 전달하기 위함이 아니라 상대의 느낌과 감정 그리고 생각을 듣기 위해서다. 사실과 감정은 구분해야 하며, 상대를 판단하는 말은 하지 않아야 한다. 쉽게 말해 ʻYou-messageʼ가 아닌 ʻI-messageʼ를 활용해야 한다는 것이다. 후배직원이 보여준 행동과 이에 대해 느낀 감정 그리고 내가 느낀 감정에 대한 후배직원의 생각순으로 대화를 이끌어가야 한다.

2. 상사의 이야기를 들을 때처럼 온 맘과 정성을 다해 경청한다

돌이켜보니 그렇다. 우리는 대부분 직장 상사의 이야기는 적극적으로 경청한다. 그러나 정작 후배직원들과 대화할 때는 그저 듣는 것에 그친다.

3. 내 생각과 주장은 이야기하지 않는다

ʻ내 생각은… 이래ʼ, ʻ이게 맞는 것 같아ʼ라는 의견은 일단 접어두어야 한다. 상대가 어떤 생각을 하고 있는지 차분히 경청할 뿐 절대로 이에 대해 반박하지 않는다.

조언을 받은 즉시 후배직원을 찾았다. 처음엔 별일 아니라던 후배직원도 조금씩 자신의 속마음을 털어놓기 시작했다. 대화가 마무리될 무렵 후배직원은 한결 편안해보였다. 물론 단번에 모든 갈등과 문제가 해소된 것은 아니다. 하지만 갈등 해결의 중요한 단초를 제공해주었던 것은 사실이다.

특별한 스킬이 필요한 것은 아니다. 그저 조용히 침묵하고 귀를 열어두는 것만으로 충분했다. 폭풍 같은 바람이 불면 옷깃을 더 여미게 되어 있다. 마음을 살필 때는 더욱더 그렇다.

관리자로서 직원 육성을 고민할 때 가장 손쉽게 선택하는 방법은 '교육'이다. 그러나 이는 가장 소극적이면서 때로는 무책임해 보이는 방법 중 하나다. 교육은 개인의 성장을 돕는 보조적이고 부차적인 도구일 뿐 직원 육성의 전부는 아니다. 진짜 성장은 일을 통해서 가능하다.

어떻게 하면 부하직원을 잘 육성할 수 있을까?

1. 부하직원에 대해 잘 알아야 한다

'어떤 일을 맡길 것인가?', '누구와 함께 협업하도록 할 것인가?' 그러자면 부하직원의 강약점, 보유 지식 및 스킬, 경험, 성향, 관계 등 최대한 다양한 정보들을 파악하고 있어야 한다. 부하직원의 육성을 논하기에 앞서 가장 먼저 해야 할 일은 부하직원에 대한 이해다.

2. 지속적인 관찰이 필요하다

자율성과 권한을 부여하되, 지속해서 관찰해야 한다. 자율성과 권한 위임이 '방치'를 의미하는 것은 아니다. 방목과 방치는 엄연히 다르다. 방목은 직원들에게 최대한 자율성을 보장하고 스스로 선택할 기회를 주는 것이다. 다만 경영방침, 비전, 미션, 전략 등과 같은 조직 운영의 큰 테두리를 벗어나지 않도록 이끌 뿐이다. 그러나 방치는 아무것도 제한하지 않고 그냥 내버려두는 것이다. 부하 육성은 자녀 양육과 일면 유사하다. 과도한 관심과 사랑은 되려 성장을 막는다. 부하직원도 내 자녀를 대한다는 마음으로 지켜볼 필요가 있다.

3. 교육은 보내는 것보다 다녀온 이후가 더 중요하다

일하다 보면 지식과 스킬의 한계에 직면하는 때가 온다. 이때 적절하게 직원들의 역량개발을 위한 시간과 비용을 지원해주는 것이 리더의 역할이다. 혹자는 '내가 시간도 내어주고 돈까지 끌어다 줬는데 이 이상은 알아서 해야 하는 것이 아닌가?'라고 반문할지 모르겠다. 그러나 교육을 보내는 것이 전부는 아니다. 배운 것을 실제 업무에 적용할 수 있도록 해야 한다. 이를 통해 성과를 낸 직원은 더 높은 수준의 지식과 스킬을 학습하고자 한다. 그리고 학습한 내용을 다시 현업에 적용하여 더 큰 성과를 내는 경험을 한다. 위와 같은 선순환 과정을 통해 우리는 성장을 경험한다. 이러한 선순환 과정을 경험하도록 하는 것이 리더의 역할이자 책임이다.

09

위대한 리더의
평범한 DNA_손정의

리더는 특별한 재능을 가진 사람이 아니다. 평범하지만 비범한 노력을 게을리하지 않는 사람. 그런 사람이 리더로 성장한다. 탁월함을 추구하기 위한 일상적인 노력이 위대한 리더를 만든다. 이에 동시대를 살아가는 위대한 리더들의 모습 속에서 리더십에 대한 힌트를 얻어보고자 한다.

손정의(1957, 소프트뱅크 대표) '뜻을 높이 세운다!'

그는 재일 한국인 3세로 일본의 최대 IT 투자기업인 소프트뱅크 오너로 잘 알려져 있다. 치밀한 계획과 남다른 노력으로 성공한 사업가로서의 명성을 쌓아왔다. 그러나 그에게 성공은 특별한 이벤트가 아닌 평범한 노력의 산물이었다. 손정의는 1957년 일본 남단 규슈의 조선인들이 모여 사는 무허가 판자촌 지역에서 태어났다. 그의 조부는 광산 노동자로 일했고, 아버지는 생선 행상으로 어렵게 생계를 꾸려 나갔다. 일본 명문고 출신의 재원이긴 했지만, 조선인이라는 차별과 멸시 속에서 자라온 그의 주변 환경은 결코 녹록지 않았다. 그렇다면 그의 성공의 비결은 무엇이었을까? 누구나 할 수 있는 일이지만 꾸준하게 실천하기는 어려웠던 다음의 3가지 원칙에 있었다.

1. 명확한 목표 세우기

'돈이 목적이 되어선 안 된다. 돈은 단지 결과에 지나지 않는다. 돈이 목표가 되면 중요한 것을 놓치게 된다.'

'높은 뜻을 가지고 인생을 살아간다.' 그의 좌우명이다. 이는 그가 가장 존경하는 인물인 사카모토 료마坂本龍馬의 영향을 받아서다. 료마는 일본 에도 시대의 무사이자 일본 최초의 주식회사의 설립자로 일본의 근대화를 이끈 가장 대표적인 인물이다. 그는 『료마가 간다』라는 책을 읽고 원대한 인생의 꿈을 그리게 된다. 단순히 돈과 명예에 대한 욕심이 아니라 사람들을 돕고 사회에 공헌할 수 있는 일을 하고 싶다는 뜻을 품게 된 것이다. 그는 이러한 뜻을 세우기 위해 19세 때 다음과 같은 인생 계획을 수립하였다.

20대 '이름을 알린다.'
30대 '사업자금을 모은다.'
40대 '큰 승부를 건다.'
50대 '비즈니스 모델을 완성한다.'
60대 '다음 세대에 사업을 물려준다.'

2. 철저하게 고민하고 준비하기

'계획을 세우고 실행한다면 이 세상에 불가능한 일은 많지 않다.'

미국 유학 생활을 접고 일본으로 귀국할 당시 그는 약 1년 반 동안 약 40여 개의 새로운 사업을 검토하고 또 검토했다. '다른 사람들은 하지 않은 일', '최고가 될 수 있는 일', '돈을 많이 벌 수 있는 일', '호기심을 가지고 지속할 수 있는 일', '많은 사람에게 도움을 줄 수 있는 일'이 무엇인지 고민하고 또 고민했다. 누구나 계획할 수 있다. 그러나 온 힘을 다해 준비하는 사람은 많지 않다. 그는 알리바바에 2,000만 달러를 투자해서 5년 만에 3,000배의 이익을 거두었다. 이로 인해 기업을 보는 안목이 뛰어난 것으로 평가받지만 사실 그의 성과는 타고난 재능보다 노력에 기인했다.

그는 손자병법과 자신의 경영전략을 접목하여 총 25자로 이루어진 제곱병법을 만들었다. 이 중 신사업 진출의 원칙을 '정정략칠투(頂情略七鬪)'로 정의했다. '정(頂)'은 산꼭대기에서 내려다본 모습, 즉 비전을 선명하게 그리는 것이다. '정(情)'은 정보수집에 온 힘을 쏟는 것이다. '략(略)'은 죽을힘을 다해 전략을 세우되 이것저것 하는 것이 아니라 핵심이 되는 하나의 전략으로 압축하는 것이다. '칠(七)'은 70%의 승산이 있는지 확인하는 것이다. 70%의 확신이 들면 행동하라는 것이다. 마지막으로 '투(鬪)'는 목숨 걸고 싸우는 것을 의미한다. 뜻을 세웠다면 그 뜻을 이루기 위한 철저한 준비와 노력이 뒤따라야 한다.

3. 과감하게 실행하기

'빌 게이츠도 스티브 잡스도 어떻게든 경쟁자를 이겨서 사람들을 행복하게 한다는 자신의 이념을 실천해나갔습니다. 사업가는 혁명가들처럼 일을 이루기 위해 싸워야 합니다. 목숨을 걸고 싸울 때 비로소 일을 이룰 수 있습니다.'

뜻을 세우고, 치열하게 고민해서 구체적인 실행계획을 세웠더라도 실행하지 않으면 아무 일도 일어나지 않는다. 충분히 고민하고 내린 결정이라면 과감하게 실행해야 한다. 소프트뱅크 창업 당시의 일화다. 창업 초기라 물건을 판매하기 위해서는 마케팅을 위한 홍보가 절실했다. 당시 그의 수중에는 1,000만 엔이 있었다. 그는 과감하게 가진 돈 전부를 홍보 비용에 투자했다. 만일 주문이 들어오지 않으면 그대로 망할 수밖에 없는 매우 위험한 결정이었다. 그러나 그로부터 1년 후, 소프트뱅크는 연간 매출 30억을 웃도는 기업으로 성장했다. 확신을 가지고 실행하지 못했다면 결코 이루지 못할 일이었다. 자신의 몸집만 한 회사를 2조 엔의 빚을 내서 현금으로 인수했던 보다폰_Vodafone의 사례도 마찬가지다. 범인들이 보기엔 그의 선택이 도박처럼 느껴졌을 것이다. 하지만 그에게는 확신이 있었다. 물론 실행 과정에서 아픔과 실패도 있었다. 5년 시한부 판정을 받기도 했고, 인터넷 버블이 꺼지던 시기에는 회사의 자산가치가 10분의 1로 줄어들기도 했다. 그러나 그는 불평하지 않았다. 인생의 주요한 승부처마다 그는 멈추지 않고 앞으로 나아가는 선택을 했다. 뜻을 세웠다면 확신을 가지고 어떤 어려움에 직면하더라도 묵묵히 헤쳐나가야 한다.

10

위대한 리더의 평범한
DNA_엘론 머스크

엘론 머스크(Elon Musk, 1971년~) '22세기를 사는 남자'

아이언맨의 실제 모델로 알려진 그다. 공상과학 영화에서나 나올 법한 기상천외한 상상을 현실로 만들어가고 있는 그는 포춘, 타임, 뉴욕타임스가 지목한 제2의 스티브 잡스라 불린다. 그는 10세 때 독학으로 컴퓨터 프로그래밍을 배웠고, 12세 때 게임 소프트웨어를 개발하여 이를 상품화하였다. 펜실베이니아 대학교에서 경영학 물리학을 전공하였고, 스탠퍼드 대학원 진학 후 이틀 만에 자퇴하고 엑스닷컴이라는 소프트 회사를 창업하게 된다. 이후 이메일 결제 서비스인 Paypal의 공동창업주로서 억만장자 반열에 오르게 되고, Paypal 매각자금으로 상상 속에서만 머물러왔던 그의 꿈을 현실에서 구현하기 시작한다. 2001년에는 SpaceX라는 최초의 민간 우주기업 회사를 설립했고, 2003년에 테슬라라는 전기차 회사를 설립했다. 당시 전문가들은 전기차 상용화 단계까지 30년 이상이 소요될 것으로 예상했지만 그는 4년 만에 시장에 '로드스터'라는 전기차를 내놓았다. 2006년에는 전기차 대중화를 위한 포석으로 솔라시티라는 태양열 회사를 설립하고, 최고 속도 1,280km로 서울과 부산을 단 15분 만에 통과할 수 있는 차세대 이동수단인 하이퍼루프를 계획하고 있다. 최근에는 뉴럴 링크_Neuralink라는 바이오 회사를 설립하여 물리적인 접촉 없이도 인간의 생각을 컴퓨터에 업로드하거나 다운로드할 수 있게 만드는 꿈을 꾸고 있다. 이처럼 공상과학 영화 속에서나 나올 법한 상상력을 꿋꿋하게 현실로 실현해가는 그의 리더십에는 다음과 같은 특징이 있다.

1. 실패를 두려워하지 않는다

'실패는 하나의 옵션입니다. 만약 무언가 실패하고 있지 않다면 충분히 혁신하고 있지 않은 것입니다.'

우리는 그가 이루어낸 결과만을 보고 환호와 갈채를 보낸다. 그러나 그 이면에는 늘 실패에 대한 두려움과 절박함 그리고 간절함이 있었다. Space X의 경우 사비까지 털어 도전했지만 세 번이나 발사에 실패했다. 다행히 마지막 한 번의 기회를 남겨두고 겨우 성공하긴 했지만 이마저도 실패하면 회사는 바로 폐업을 해야 할 만큼 절박한 상황이었다. 전기자동차 회사인 테슬라는 7년 동안 수입이 전혀 없었다. 개인적으로는 이혼의 아픔을 겪었다. 절벽 끝까지 몰린 그에게도 실패는 두려운 일이었다. 하지만 그는 뒤를 바라보고 주저앉지 않고 앞을 보고 내디딜 곳을 찾았다. 그의 성공이 운이었는지 온전한 그의 실력이었는지는 잘 모르겠지만 분명한 것은 그는 분명 실패를 성공을 향해 가는 과정으로 인식하고 이를 받아들였다는 것이다.

직장인을 위한 커닝 페이퍼

2. 소명의식을 갖는다

"저는 Paypal에서 나오면서 생각했습니다. '돈을 벌 수 있는 최고의 방법은 무엇인가?'가 아니라 '인류의 미래에 지대한 영향을 줄 수 있는 다른 문제는 무엇인가?'라고 말이죠."

그의 인류에 대한 관심은 대단했다. 어린 시절부터 인류의 미래에 대해서 진심으로 걱정하고 집착했다. 그가 거듭되는 실패에도 굴하지 않고 새로운 일에 끝까지 도전할 수 있었던 것은 이러한 소명의식이 있었기 때문이다. 다시 말해 자신이 간절히 원하는 일이었기 때문이었다. 식지 않는 열정은 내가 원하는 일을 할 때 나온다. 만일 그가 세상의 성공을 좇았다면 애초부터 Paypal을 매각하고 SpaceX라는 허무맹랑한 사업에 손을 대지 않았을 것이다. 적당히 수익을 낼 수 있는 기업을 인수하거나 성공 가능성이 높은 사업 중심으로 투자했을 것이다.

3. 자기 확신에 따라 움직인다

그는 안 되는 이유를 찾는 사람들의 말을 무시했다. 물론 개중에는 애정이 담긴 진실한 조언들도 있었을 것이다. 그러나 그는 사람들의 말을 듣고 사업을 하지 않았다. 그가 직접 보고 듣고 느끼고 생각한 것을 토대로 사업을 구상하였고 또 이를 실현해나갔다. 그가 가슴속에 그려놓은 큰 비전에 근거하여 자신만의 길을 만들어갔다.

4. 열심히 일한다

그가 첫 회사를 창업했을 때였다. 출퇴근 시간을 절약하기 위해 조그마한 사무실 소파에서 잠을 청하고 근처 YMCA 회관에서 샤워를

했다. 그렇게 매주 100시간을 일했다. 이는 일반 직장인들의 2배에 달하는 시간이다.

전재는 지루하게 반복해야만 하는 일을 지루하지 않게 할 줄 아는 사람이다. 손흥민이 유럽 최고의 공격수로 인정을 받는 이유는 그의 타고난 재능 때문만은 아니다. 그가 어린 시절부터 프로가 된 지금까지도 아버지와 함께 매일 반복했던 기초 훈련 덕분이었다.

우리는 회사에서 종종 '열심히 하는 게 중요한 게 아니라 잘하는 게 중요한 거야'라는 이야기를 하곤 한다. 이 말을 잘못 해석하면 요령껏 일해서 성과만 내면 되는 것으로 오해할 수도 있다. 하지만 모든 일의 기본은 정성이다. 과정이 정성스럽지 못하면서 좋은 결과를 기대하는 것은 요행을 바라는 것과 같다.

늘 답답했다.

'내가 직장 생활을 잘하고 있는 것일까?'
'앞으로도 이 일을 계속해야 할까?'
'만약 내가 회사(업)를 떠나게 된다면 무엇을 할 수 있을까?'

꽤 오랜 시간 동안 고민을 해왔다. 그 과정에서 수많은 시행착오와 좌절을 경험했다. 그런데도 여전히 해답은 찾을 수 없었다. 다만 한 가지 깨달은 바가 있다. 아직 나의 여정은 끝나지 않았다는 것이다. 직장 생활에 왕도는 없다. 정답도 없다. 사람마다 문제에 접근하는 방식과 풀어가는 방식은 다르다.

개인이 저마다 가지고 있는 지식, 스킬, 경험, 가치관 등이 다르고 몸담은 조직의 경영철학과 핵심가치 그리고 비즈니스 환경이 다르기에 슬기로운 조직 생활을 위한 해법도 각기 다를 것이다. 하지만 직장 생활의 본질을 크게 다르지 않다. 그 교집합에서 내가 할 수 있는 혹은 하고 싶은 이야기들을 담아보았다. 단순한 해법 제시가 목적이 아니다. 직장인이라면 함께 고민해볼 만한 혹은 공유할 만한 이야깃거리를 나누는 것으로 이해해주면 좋겠다. 본문에서 충분히 전달하지 못한 내용도 있고, 이야깃거리로 삼기에는 부족한 부분도 있을 것이다. 이 점은 널리 이해를 바란다. 다만 오늘도 직장이라는 격전지에

서 함께 피땀 흘리며 전투를 이어가는 동지들에게 미약하나마 도움
이 되기를 바랄 뿐이다.

　마지막으로 내 삶의 중요한 한 조각, 사랑하는 아내 현경과 아들 재
원이에게 고마움을 전한다. 이들과 함께할 수 있도록 오늘의 삶을 허
락해주신 하나님께도 깊은 감사와 영광을 드린다.

부록

직장인의 행복 찾기

"차 사고가 났는데 뭐가 좋다고 그렇게 웃는 건가?"
저는 어이가 없어서 물었습니다. 그러자 동료는
"차만 받았지 사람을 치지는 않았거든"이라고 대답했습니다.
저는 혹시나 "사람을 치었으면 어땠겠냐"라고 물었습니다.
"치기만 하고 죽이지 않았으니 다행이라고 생각할 걸?"
동료는 여전히 웃는 얼굴이었습니다.
"그럼 혹시 사람을 죽게 했다면?"
제가 오기로 던진 질문에 동료는 그야말로 걸작인 답을 내놓았습니다.
"한 명으로 그친 것을 감사해야겠지!"

(초샤오촨, 2014)

　　쇼펜하우어는 '인간은 어떤 현상의 본질보다 그것을 통해 느끼는 감정에 더 많은 영향을 받는다'라고 했다.
　　행복을 결정하는 것은 절대적인 행복의 기준이 아니라 행복을 바라보는 나의 관점이다. 이러한 개인의 주관적인 관점이 행복한 사람을 만들기도 혹은 불행한 사람을 만들기도 한다. 우리가 할 일은 그저 행복을 선택하는 것뿐이다.

세 사람의 석공이 바위를 캐고 있었다. 지나가던 행인이 세 석공에게 다음과 같은 질문을 한다.

"지금 뭐하고 계세요?"
그러자 첫 번째 석공이 짜증 섞인 목소리로 대답한다.
"보시다시피 돌을 캐고 있지 않소. 하루에 매일 깎아내야 할 양이 정해져 있어서 이걸 다해야만 집에 갈 수 있소."
두 번째 석공은 모든 걸 체념한 듯 나지막한 목소리로 대답했다.
"고생스럽지만 먹고살려면 해야 하는 일이죠. 먹여 살릴 가족들도 많고…"
마지막으로 세 번째 석공이 대답했다. 앞선 두 석공과는 달리 목소리에 자신감이 넘쳐 있다.
"저는 우리 도시에서 가장 큰 성당 건물을 만들고 있어요. 제가 직접 성당을 짓는 것은 아니지만 성당에 주춧돌로 쓰일 아주 중요한 돌을 캐내는 중이랍니다."
그로부터 10년 후, 첫 번째 석공은 여전히 돌을 캐고 있었고
두 번째 석공은 사무실에 앉아 밤을 새우며 일하고 있었고, 마지막 세 번째 석공은 유명한 건축가가 되어 있었다.

여기서 우리가 얻을 수 있는 교훈은 다음과 같다.
첫 번째 석공은 일을 자신에게 주어진 과제 혹은 형벌처럼 생각했고, 두 번째 석공은 일을 의무이자 무거운 짐처럼 생각했다. 그러나 세 번째 석공은 일 자체를 영광스러운 일생의 업으로 생각하고 그 속에서 의미를 찾고 행복을 누렸다. 위의 이야기에서

개인적으로 한 가지 바꿔보고 싶은 부분이 있다. '세 번째 석공은 유명한 건축가가 되어 있었다'가 아니라 '세 번째 석공 역시 여전히 공사장에서 돌을 깎고 있었다. 그러나 그는 세상 그 누구보다 행복했다'라고 말이다.

오래전 종영한 TV 드라마인 〈학교〉에서 기억에 남는 한 장면이 있었다. 내용은 이렇다. 친구들과 하교 중이던 한 소녀가 저 멀리 도로 한복판에서 보도블록을 깔고 있는 아빠의 뒷모습을 발견한다. 반갑고 놀란 마음에 달려가 인사한다.

"아빠 여기서 뭐 해? 일은 힘들지 않아?"

친구들을 의식하지 않고 아빠를 챙기는 소녀의 모습에 감동했고, 아빠의 대답에 또 한 번 감탄했다. 왜 여기서 힘들게 일을 하고 있느냐는 딸의 질문에 아빠는 이렇게 대답한다.

"내가 우리 딸이 꽃길을 걸을 수 있도록 물질적으로는 많은 도움을 주지 못해. 그래서 미안해. 하지만 네가 학교 다니며 오가는 길만큼은 안전하게 다닐 수 있도록 해주고 싶었어. 그게 아빠 마음이야!"

똑같은 일을 하더라도 그 안에 의미를 담아내면 하는 일이 달라 보인다. 어떻게 의미 부여를 하느냐에 따라 내가 하는 일이 하찮은 일이 되기도 하고 상대방에게 감동을 주는 일이 되기도 한다. 이로 인해 내 인생이 드라마틱하게 변화할 것이라고 기대하기는 어렵다. 다만 분명한 것은 내가 하는 일이 즐겁고 행복해진다는 것이다. 그것으로 충분하지 않을까? 매일 똑같이 반복되는 삶에 권태로움을 느끼고 있다면, 한 번쯤 나 자신을 돌아볼 필요가 있다. 그리고 자문해보아야 한다. '나는 내 일에 어떤 의미를 부여하고 있는가?' 삶의 외형적인 변화는 그다음 문제이다.

목표 수립과 성과 달성도 중요하지만, 결국엔 이 모든 것들은 개인과 조직의 행복을 위해서 존재한다. 그런데 안타깝게도 많은 사람은 목표달성이 가져다주는 짜릿한 기쁨과 행복만을 갈구한다. 하지만 목표달성의 기쁨과 보람은 그리 오래가지 않는다. 되려 목표달성 이후에 찾아오는 허탈감과 공허함 때문에 힘들어하는 경우도 많다. 이전의 성공에 도취하여 더 이상 앞으로 나아가지 못하고 한순간에 추락하는 이들도 많다. 유명 연예인의 갑작스러운 자살, 스포츠 선수들의 2년 차 징크스, 전도유망한 선수의 갑작스러운 은퇴 선언 등이 그렇다.

존 우든 감독은 미국 대학 농구의 전설적인 존재이다. 전미 대학 농구(NCAA) 10회 우승, 최다 88연승을 기록한 미국 대학 농구 역사상 전무후무한 감독이다. 카림 압둘자바와 같이 위대한 선수를 길러내기도 했고, 그가 감독으로 재임하던 기간 중 약 12년간은 한 번도 경기에 패배한 적이 없을 정도다. 과연 그의 성공 비결은 무엇일까?

그의 성공비결은 단 한 가지로 요약된다. '성공_우승또는신기록 자체에 목적을 두지 않았다'라는 것이다. 그는 우승 트로피를 들어 올린 그날에도 새로운 시즌을 준비하고 고민했다. 우승이 최종 목표이자 전부가 아니었기 때문이다. 그에게 오늘과 내일은 그저 똑같은 하루일 뿐이었다. 그는 매일 지겹도록 반복되는 지난한 일상을 즐길 줄 알았다. 그렇기에 40년간의 감독 생활 역시 변함없이 일관되게 지속할 수 있었다. 우리는 일을 성취해나가는 과정에서 행복을 느껴야 한다. 행복은 크기보다 빈도수가 더 중요하기 때문이다.

행복한 직장인이 되기 위한 3가지 원칙

행복한 직장 생활을 영위하고 건강한 조직원으로서 거듭나기 위해서는 다음의 3가지 원칙을 잘 지켜야 한다.

첫 번째, 바라지 않기

'기대를 하지 않으면 실망도 하지 않는다.'

자조 섞인 말처럼 들리지만 사실이다. 직장 생활이 힘든 이유 중 하나는 모두가 내 마음 같지 않아서다. 사람은 모두 다르다. 생김새, 자라온 환경, 성격, 취향, 커뮤니케이션 스타일 등 어느 것 하나 똑같은 사람은 없다. 그런데도 상대가 나와 같기를 기대하는 것은 지나친 욕심이다.

어떻게 하면 이 원칙을 잘 지킬 수 있을까?

1. '조건법', '가정법'을 쓰지 않는다

다음과 같이 '만약에 나라면' 혹은 '나는 이렇게 했는데'라는 조건을 걸거나 상황을 가정하는 말을 하지 않는다.

> '타 부서에서 업무 협조를 요청받았을 때, 나는 열 일 제쳐두고 열심히 도와주었는데, 정작 내가 필요할 때는 바쁘다는 핑계로 도와주지도 않는구나.'

> '좋은 동료고 친구인 줄 알았는데, 정작 내가 억울한 일을 당하고 힘들어할 때 아무런 위로도 도움도 안 되네.'
> '내가 리더라면, 팀원들과 함께하는 시간을 많이 가졌을 텐데…'

카네기는 그의 저서 『자기 관리론』에서 '인간은 원래 타인의 보은을 쉽게 잊어버린다'라고 했다. '보답을 기대하지 않을 때는 아주 사소한 감사만으로도 행복해질 수 있고, 설사 보답받지 못하더라도 크게 실망할 일이 없을 것'이라고 했다. 내가 선의로 상대에게 도움을 주었다면 그 자체로 만족하면 그만이다. 상대가 알아주리라는 기대는 접어두자.

2. 과도한 집착과 관심을 거둔다

상대에게 무관심하라는 의미가 아니다. 상대의 마음을 내 뜻대로 움직이려 하지 말라는 것이다.

두 번째. 만지지 않기

'견물생심(見物生心)'이라고 했다. 자꾸 보면 갖고 싶어진다. 마땅히 내 능력과 힘으로 얻어낸다면 문제될 것이 없겠지만 그 반대의 경우 때문에 힘들어진다.

'만지지 않기'라는 두 번째 원칙을 지키기 위해서는 다음 두 가지를 기억해야 한다.

1. 도덕적 가치에 대한 주관적 기준이 있어야 한다

법적으로 문제가 되지 않는 것이 곧, 윤리적으로 깨끗하다는 의미는 아니다. 예를 들어 자본계급의 지배 정당성을 의무론적 윤리관, 즉 절대주의 윤리관으로 본다면, 자신의 힘으로 축적한 자본에 대한 권리와 소유권을 지키는 것이 타당하게 보인다. 하지만 그 부의 축적 과정에서 노동자 혹은 소외된 계층을 보고 있노라면 어째 좀 불편하다. 또한 법망을 피해 부정부패를 저지르고도 응당 그 대가를 치르지 않는 사람들도 있다. 과연 그들에게는 아무런 잘못과 책임이 없는 것일까? 법은 최소한의 도덕일 뿐이다.

직장 생활도 마찬가지다. 최소한의 도덕이 아닌 자신만의 윤리적인 가치관에 근거하여 도덕적 규칙과 규범을 세우고 이를 지켜야 한다. 예를 들어, 업체로부터 리베이트를 받지 않는 것은 너무도 당연한 일이다. 하지만 회사 사무용품을 개인적인 용도로 가져다 쓰는 것은 어떠한가? 나의 도덕적 가치와 규범은 어디까지 용인하고 있는가? 고민해볼 필요가 있다.

2. 남녀 이성 관계에 유의한다

이성 간의 인간적인 교감은 자연스러운 일이다. 그러나 문제가 되는 몇 가지 경우가 있다. 상대는 원하지 않는데 일방적으로 내 감정을 표현하는 경우가 그렇다. 한국 속담에 '열 번 찍어 안 넘어가는 나무는 없다'라는 말이 있다. 이 속담을 잘못 해석하면 스토킹이 추억의 연애담으로 둔갑할 수도 있다. 하지만 상대가 원치 않는 감정표현은 분명 폭력이다. 그런데도 우리는 때때로 이러한 폭력을 사랑을 쟁취하는 과정으로 미화하곤 한다. 잘못된 것이다. 또 다른 경우는 어느 한쪽이라도 배우자가 있는 경우다. 현실 속에서 불륜이 해피 엔딩으로 결말을 짓는 것을 본 적이 없다. 드라마 혹은 영화 속 주인공과 나는 다르다. 착각하지 말자. 직장 내 이성 관계가 원만하게 유지되려면 말과 행동에 대한 최소한의 규칙을 정하고 이를 칼같이 지켜야 한다.

　　사랑하지 않는다고 모두 이별을 선택하는 것은 아니다. 또한 불타오르는 사랑만이 진짜 사랑인 것도 아니다. 사랑의 유효기간은 길어야 3년이라고 한다. 그렇다면 3년 이후의 남녀 관계는 무엇으로 설명을 해야 할까? 10년, 20년 된 부부들은 서로를 충분히 사랑하고 있는 것일까? 결혼생활을 돌이켜보면 사랑의 또 다른 이름은 용기와 인내인 것 같다. 불타오르는 것도 사랑이고 이를 끝까지 지켜내는 것도 사랑이기 때문이다. 직장 생활도 마찬가지다. 허니문 기간이 끝나면 냉혹한 조직의 현실을 마주하게 된다. '이 일이 나한테 맞는 일일까?', '내가 이 회사를 선택한 것은 잘한 일일까?'라고 되묻게 될지 모른다. 하지만 서둘러 헤어짐을 선택하지 말자. 직장인들의 단골 멘트 중 하나가 '더러워서 못 해 먹겠네, 농사나 지어야지'라는 푸념이다. 그런데 농사를 우습게 보고 하는 소리다. 농사도 제대로 지으려면 돈도 시간도 힘도 많이 든다. 농사일이 힘들다는 이야기를 하고자 함이 아니다. 힘들다고 섣부른 선택을 해서는 안 된다는 이야기다. 결국 결별을 선택하더라도 제대로 결별해야 한다. 홧김에 혹은 새로운 일에 대한 막연한 설렘을 믿기보다 지금껏 내가 쌓아온 경험과 노하우를 충분히 활용할 수 있는 일을 선택해야 한다. 예를 들어 인재개발부서에서 일하던 사람이 갑자기 마케팅하겠다거나, 음악/미술학원을 운영해보겠다는 것은 헤어짐의 아픔을 잊지 못해 아무나 한번 만나보겠다는 것과 다름없다. 헤어짐을 택하더라도 서두르지 말자.

참고문헌

Part 01

01. 〈강점코칭프로그램이 직장인의 강점, 자기효능감, 긍정 정서, 직무 열의와 조직몰입에 미치는 영향 = The effects of Strengths Coaching Program on Strengths Self Efficacy, Positive Affect, Self Efficacy, Job Engagement and Organizational Commitment Based on Korean employees〉, 선혜영 · 김수연 · 이미애 · 탁진국, 한국심리학회, 2017.

02. 〈기업의 휴일 및 휴가의 증가가 근로자의 노동생산성에 미치는 영향분석〉, 박종성, 학위논문(석사), 2015.

03. 〈그들의 운명을 가른 건 정치력이었다〉, 다키자와 아타루, 사이, 2011.

04. 〈나는 왜 출근만 하면 예민해지는가〉, 머리매킨타이어, 스몰빅라이프, 2017.

05. 〈누가 행복한 직장인인가?: 인구통계적, 심리분석적 요인과 행복수준 간의 관계〉, 이종만, 한국컴퓨터정보학회, 2013.

06. 〈대한민국 직장인의 행복을 말하다〉, 삼성경제연구소, 2013.

07. 〈로컬지향의 시대〉, 마쓰나가게이코, 알에이치코리아, 2017.

08. 〈박진영의 사회심리학, 지적 겸손도가 떨어지면 '꼰대'가 된다〉, 박진영, 동아사이언스, 2019.4.6.

09. 〈90년생이 온다〉, 임홍택, 웨일북, 2018.

10. 〈성과중심으로 일하는 방식〉, 류량도, 쌤앤파커스, 2017.

11. 〈신입사원 집단적 이직에 대한 탐색적 연구: 결정요인 및 성과에 미치는 영향〉, 옥지호, 한국연구재단, 2018.

12. 〈역할스트레스가 구성원의 태도 및 행동에 미치는 영향 = The influence of role stress on employee's attitude and behavior〉, 김치웅, 학위논문(석사), 2012.

13. 〈직무와 적성〉 설문조사, 잡코리아, 2018.

14. 〈직장인 63%, "비전공분야에서 일해"〉, 잡코리아, 뉴스, 2018.

15. Buckingham, M.(2007). Go Put Your Strengths. New York: Free Press.

16. Linley, P. A., & Harrington, S.(2006). Playing to- 244 your strengths. Psychologist, 19(2), 86-89.

Part 02

17. 〈관계의 본심〉, 클리포드나스/코리나엔, 푸른 숲, 2011.

18. 〈권력의 기술〉, 제프리페퍼, 청림출판, 2011.

19. 〈느리게 더 느리게〉, 장샤오형, 다연, 2014.

20. 〈너 이런 심리법칙 알아?〉, 이동귀, 21세기북스.

21. 〈나는 결심하지만 뇌는 비웃는다〉, 데이비드 디살보, 모멘텀, 2012.

22. 〈당신은 정치력이 있습니까〉, 정세현, 책너머, 2016.

23. 〈빨리 철들자 2040 직장in, 관계의 힘〉, 장샤오형, 국일미디어, 2017.

24. 〈불쾌한 사람들과 인간답게 일하는 법〉, 니시다 마사키, 21세기북스, 2016.

25. 〈심리학 좀 아는 사람〉, 대니얼프리먼/제이슨 프리먼, 북돋움라이프, 2014.

26. 〈사람을 움직이는 100가지 심리법칙〉, 정성훈, 케이앤제이, 2011.

27. 〈슬기로운 팀장생활의 기술〉, 함규정, 글담, 2018.

28. 〈인생은 정치다〉, 이종훈, 한스미디어, 2014.

29. 〈워킹데드 인간관계론〉, 레베카 클레어, 처음북스, 2016.

30. 〈좋아하는 일만 하며 사는 법〉, 고코로야 진노스케, 동양북스, 2016.

31. 〈직장에서의 행복 연구 = Happiness at the Workplace - An Analysis on the Two Distinct Paths of Job and Organization〉, 진현/장은미/예지은, 인적자원관리학회, 2016.

32. 〈Productivity Through Coffee Breaks: Changing Social Networks by Changing Break Structure, Working papers series〉, Benjamin N. Waber, Daniel olguin, Taemin Kim, Alex Pentland, 2010.

33. 〈팀장 정치력〉, 머리 매킨타이어, 위즈덤하우스, 2006.

Part 03

34. 〈경력 입사자의 전략적 관리방안〉, 삼성경제연구소, 2013.

35. 〈매개하라〉, 임춘성, 쌤앤파커스, 2015.

36. 〈습관의 힘〉, 찰스 두히그, 갤리온, 2012.

37. 〈어서 와, 조직은 처음이지〉, 황정철, 마음세상, 2017.

38. 〈우울할 땐 뇌과학〉, 앨릭스 코브, 심심, 2018.

39. 〈이직의 패러독스〉, 고용일, 초록물고기, 2015.

40. 〈이직교과서〉, 모립유기/이정환, 랜덤하우스코리아, 2010.

41. 〈조직과 개인의 경력개발이 직무배태성과 이직의도에 미치는 영향 = An effect of Career Development upon Job Embeddedness and Turnover Intention〉, 한국인적자원개발학회, 민병원/박헌재, 2018.

42. 〈직장이 전부다〉, 이와이즈미 다쿠야, 책미래, 2013.

43. 〈직장인 생존 매뉴얼〉, 리처드 마운, MID엠아이디, 2012.

44. 〈직장인 리더십〉, 프랭크티볼트, 큰나무, 2010.

45. 〈회사에서 살아남는 핵심인재의 비밀〉, 조 오웬, 북스토리, 2013.

46. 〈팀이란 무엇인가〉, 메러디스 벨빈, 라이프맵, 2012.

47. 〈프로페셔널의 조건〉, 피터 F. 드러커, 청림출판, 2012.

Part 04

48. 〈리더의 조건〉, SBS 스페셜 제작팀, 북하우스, 2013.

49. 〈리더의 조건〉, 존엘브레츠, 현대미디어, 2017.

50. 〈리더는 마지막에 먹는다〉, 사이먼 사이넥, 36.5, 2014.

51. 〈리더십의 철학〉, 이치조가즈오, 다산출판사, 2016.

52. 〈다중지능 이론을 기반으로 한 강점지능 파악 프로그램 개발 = Development of the Program to Catching Strong Intelligences Based on the Multiple Intelligences Theory〉, 이혜정, 학위논문(석사), 2009.

53. 〈사람을 움직이는 100가지 심리법칙〉, 정성훈, 케이앤제이, 2011.

54. 〈신뢰의 법칙〉, 데이비드 데스테노, 웅진지식하우스, 2018.

55. 〈신뢰가 이긴다〉, 데이비드 호사저, 알키, 2013.

56. 〈신뢰 이동〉, 레이첼 보츠먼, 흐름출판, 2019.

57. 〈상급자에 대한 신뢰가 직무만족에 미치는 영향에 관한 연구: 내외재적 모티베이션 매개효과를 중심으로〉, 김문겸, 단국대학교사회과학연구소, 2014.

58. 〈손정의 제곱 법칙〉, 이타가키 에이켄, 한국경제신문, 2015.

59. 〈인간력〉, 다사카 히로시, 웅진지식하우스, 2017.

60. 〈존 맥스웰 리더의 조건〉, 존 맥스웰, 비즈니스 북스, 2012.

부록

61. 〈당신은 정직한가〉, 낸 드마스, MID, 2014.

62. 〈데일카네기 자기관리론〉, 데일 카네기, 베이직북스, 2018.

63. 〈존 우든의 부드러운 것보다 강한 것은 없다〉, 존 우든, 대한미디어, 2001.

황정철

HRD Specialist. 학부에서 교육학을 전공했다. 오리온 그룹의 엔터테인먼트 자회사에서 HR 담당자로 첫 직장생활을 시작하였고, 이후 금융, 제조업 등 다양한 업종에서 교육 훈련, 조직문화, 경력개발 등의 업무를 담당했다.

현재 그룹사 교육 총괄 업무를 담당하고 있으며, 일의 가치와 의미를 잘 이해하고 폭넓은 상식과 직무 전문성을 두루 갖춘 인재를 육성하고자 한다. 험난한 직장생활 속에서 상처받지 않고 용기 있게 버티고 지지하고 끝내 성장하는 방법을 찾으며, 직장인의 행복과 생존을 위한 글을 쓴다.

저서로는 직장 초년생들의 조직적응을 위한 〈어서 와, 조직은 처음이지〉가 있다.

 브런치
brunch.co.kr/@jerad